Educação, cidade e cidadania
Leituras de experiências socioeducativas

ORGANIZADORES
Carlos Roberto Jamil Cury
Sandra de Fátima Pereira Tosta

Educação, cidade e cidadania
Leituras de experiências socioeducativas

COPYRIGHT © 2007 BY ORGANIZADORES

CAPA
Patrícia De Michelis

REVISÃO
Vera Lúcia De Simone Castro

Todos os direitos reservados pela Autêntica Editora. Nenhuma parte desta publicação poderá ser reproduzida, seja por meios mecânicos, eletrônicos, seja via cópia xerográfica, sem a autorização prévia da editora.

AUTÊNTICA 2007

BELO HORIZONTE
Rua Aimorés, 981, 8º andar . Funcionários
30140-071 . Belo Horizonte . MG
Tel: (55 31) 3222 68 19
TELEVENDAS: 0800 283 13 22
www.autenticaeditora.com.br
e-mail: autentica@autenticaeditora.com.br

SÃO PAULO
Rua Visconde de Ouro Preto, 227 . Consolação
01 303-600 . São Paulo-SP . Tel.: (55 11) 3151 2272

EDITORA PUCMINAS

Pontifícia Universidade Católica de Minas Gerais
Grão-Chanceler: Dom Walmor Oliveira de Azevedo
Reitor: Eustáquio Afonso Araújo
Vice-reitor: Dom Joaquim Giovani Mol Guimarães
Pró-reitor de Pesquisa e de Pós-graduação: João Francisco de Abreu

Editora PUCMINAS
Rua Pe. Pedro Evangelista . Coração Eucarístico
30535-490 . Belo Horizonte . MG
Tel: (55 31) 3375 8189
Fax: (55 31) 3376 6498
e-mail: editora@pucminas.com.br
www.pucminas.br/editora

E24   Educação, cidade e cidadania: leituras de experiências socioeducativas / Carlos Roberto Jamil Cury, Sandra de Fátima Pereira Tosta (Organizadores). - Belo Horizonte: PUC Minas/Autêntica, 2007.

168p. Bibliografia.

ISBN 978-85-7526-245-0 (Autêntica)

ISBN 978-85-60778-00-3 (PUC Minas)

1. Educação. 2. Cidadania. 3. Educação e Estado. 4. Direitos humanos. 4. Ensino religioso. 5. Espaços públicos. 6. Religião e ética. I. Cury, Carlos Roberto Jamil. II. Tosta, Sandra de Fátima Pereira. III. Pontifícia Universidade Católica de Minas Gerais.

CDU: 37.014

Elaborada pela Biblioteca da Pontifícia Universidade Católica de Minas Gerais

Sumário

7   Apresentação
Carlos Roberto Jamil Cury
Sandra de Fátima Pereira Tosta

13   O colegiado na escola: uma experiência no exercício da cidadania
Benta Maria de Oliveira

37   Cidadania e Direitos Humanos
Carlos Roberto Jamil Cury

45   A contribuição do Ensino Religioso Escolar à formação ética e cidadã
Douglas Cabral Dantas

63   Cidadania: das ruas à sala de aula
Evely Najjar Capdeville

83   De espera à conquista: a formação para a gestão de usuários dos serviços da Rede Pública de Saúde Mental de Belo Horizonte
Múcio Tosta Gonçalves

111   A morada do educador: ética e cidadania
Amauri Carlos Ferreira

127   Conselhos e colegiados na esfera pública: em busca do sentido
Maria da Glória Gohn

145   A praça é do povo, como o céu é do avião!
Sandra de Fátima Pereira Tosta

165   Os autores

APRESENTAÇÃO

Educação, cidade e cidadania: leituras de experiências socioeducativas

Este livro reúne uma coletânea de artigos que discutem, em diferentes espaços e temporalidades e envolvendo diferentes sujeitos sociais e instituições, a luta pelo pleno exercício por criativas expressões da cidadania como um direito de todos. Expressões que se revelam na luta pela educação e pela escola, seja na busca incessante pelo direito ao reconhecimento público, seja na definição de espaços de cidadania em nossas cidades.

Em parte, este livro é resultado de pesquisas de campo, inclusive em dissertações de mestrado concluídas no Programa de Educação da PUC Minas, em parte fruto de rigorosas reflexões teóricas fundadas na observação da realidade. O conjunto da obra tem em comum o objetivo de contribuir com a pesquisa em campos de conhecimento diversos, com os quais, necessariamente, a educação deve tecer diálogos e construir interfaces, como o Direito, a Filosofia, a Economia, a Antropologia e a Sociologia, entre outros.

Se de algum modo todos os artigos aqui apresentados falam de escola, seus sentidos extrapolam esse âmbito, para colocar-nos à frente de processos educativos que atravessam a cidade de ponta a ponta e nos conduzem a experiências valiosas de luta e de formação para a cidadania. Pois, a cidadania, conquanto característica do Estado Democrático de Direito, não tem um lugar que a torne monopólio de uma dimensão da sociedade, como bem posto no art. 1º da Lei de Diretrizes e Bases da Educação Nacional, de 1996. A introdução em nossa constituição de instrumentos de democracia participativa conduz, por exemplo, aos múltiplos conselhos de participação que adicionam novos elementos à democracia representativa.

Desde essa perspectiva, apresentamos o texto da socióloga Maria da Glória Gohn, "Conselhos e colegiados na esfera pública: em busca do sentido", que objetiva refletir sobre a prática dos conselhos gestores na esfera pública, tomando como referência os conselhos colegiados existentes na área da Educação. Várias inquietações motivaram sua elaboração, as quais, convertidas em questões, deram pistas para explicações, alternativas e possíveis reorientações do tema dos conselhos, a saber: como resgatar o direito à Educação conquanto política educacional, ao nível das instâncias locais, não se esquecendo de que elas são parte de um todo, que extrapola as fronteiras nacionais? Como não transformar os cidadãos que se dispõem a participar de órgãos colegiados em meros "parceiros técnicos", avalistas de políticas já previamente decididas em outras instâncias superiores? Como redirecionar a vontade pessoal em vontade coletiva, interesse público da maioria? Como alterar a visão de que o setor público é que deve estar a serviço do cidadão, e não o seu contrário? Como realizar na prática o que usualmente está escrito, em belas palavras, nos textos e documentos, considerando-se a interferência das subjetividades dos atores participantes?

Dentro dessa temática, a gestão democrática nos sistemas públicos de educação escolar legitimou, sob nova inspiração, o Colegiado Escolar, no qual a comunidade escolar é ampliada para as famílias e para as pessoas no entorno da escola. Isso é o que mostra o artigo de Benta Maria de Oliveira, "O colegiado na escola: uma experiência no exercício da cidadania". A autora investigou e analisou o colegiado de uma escola pública da cidade de Belo Horizonte (MG), como uma das estruturas propostas de descentralização na política educacional no Estado, que se expressa na gestão democrática, implementada em Minas Gerais, desde 1982, no governo de Tancredo Neves. São vinte anos de esforço em prol da democratização na escola pública. No entanto, diz a autora, "ainda estamos falando de uma conquista que está em processo de consolidação, pois, se podemos apontar ganhos, muitos ainda são os óbices para tal, entre eles, o fato de que a gestão democrática da escola necessita de que todos os membros da comunidade escolar estejam envolvidos com o fazer público, especialmente, no que tange à participação, exercício essencial da democracia". É esse o eixo de sua pesquisa.

A prática docente não almeja deixar o aluno em estado de dependência, mas, sim, elevá-lo no sentido da construção progressiva do sujeito autônomo, capaz de, pelo conhecimento, incorporar valores da cidadania. É o que propõe em seu artigo, "Ética – a morada do educador", o professor Amauri Carlos Ferreira, quando afirma "que a prática docente é ontologicamente ética e política. Fugir a essa dimensão é se trair conquanto pessoa. A articulação desses dois termos, no ato de educar para a vida, convoca-nos a refletir sobre o prazer e a dor de conduzir o outro a caminhos possíveis do exercício de sua liberdade. Nessa direção, aprender a se tornar sujeito exige persistência, já que o se formar para a vida é um processo a longo tempo. Educa-se durante a vida inteira, e, ao educar, corre-se o risco de errar. Faz parte da condição humana o erro, é a *Falha persa*, que se registra a cada dia na tapeçaria da existência". O texto procura articular ética e cidadania ao exercício da prática docente, e o autor parte do pressuposto de que a aprendizagem de valores se efetiva na construção do sujeito autônomo.

De outro modo, a autonomia de educadores e educandos, hoje, está também presente, quando a noção de currículo mantém a "proposta curricular manifesta" e assume dimensões de ritual pedagógico. Não resta dúvida de que a vida escolar sofre os impactos da busca pela democratização mais ampla. A cidadania na escola e pela escola torna-se um metadiscurso. É o que demonstra Evely Najar, em seu texto, "Cidadania: das ruas à sala de aula", resultado de sua pesquisa na Escola Municipal Governador Ozanam Coelho, no bairro Capitão Eduardo, Belo Horizonte (MG). Em um primeiro momento, a autora mostra como o tema da cidadania ressurge com concepções ampliadas na história brasileira, a partir dos movimentos sociais das décadas de 1970 e 1980, e se inscreve na agenda política, constitucional e educacional, reivindicando a educação como um de seus direitos. Em seguida, discute as repercussões desse ideário de formação do cidadão/da cidadã na educação escolar, procurando evidenciar suas interfaces, tensões e desafios, por meio das perspectivas de pais/mães, professores/professoras, alunos/alunas da referida escola.

Cidadania na escola e pela escola também atinge o Ensino Religioso. Essa disciplina de oferta obrigatória e de matrícula facultativa vem deixando de ser um lugar de ensino de religiões para se tornar um momento de perguntas sobre questões que tocam os limites da existência e seus sentidos. É sobre essas e outras tantas querelas sobre o ensino religioso que Douglas Cabral Dantas discute em seu artigo "O ensino religioso escolar: modelos teóricos e sua contribuição à formação ética e cidadã do professor". O autor tem como objetivo favorecer a revisão de pressupostos que estão na base de diferentes modelos teóricos do Ensino Religioso escolar, como também de suas opções pedagógicas. Ele propõe algumas reflexões que apontem para contribuir com a adoção de um modelo mais inclusivo e democrático, concernente com a natureza mesma da escola pública, em vista da formação ética e cidadã de crianças e jovens. Dantas discute ainda que, desde o início do século XX, o Ensino Religioso foi alvo de inúmeras polêmicas no meio educacional do País, que afetaram sua identidade. E que essa disciplina recebeu um tratamento que lhe imprimiu profundas marcas, provenientes, ora do contexto socioeconômico político-cultural, ora das ideologias mantenedoras do sistema educacional vigente, ou de concepções filosóficas e teológicas sustentadas por diferentes Igrejas, como um dos setores mais interessados nessa questão. O itinerário do Ensino Religioso na escola pública brasileira deixou-nos, então, como herança uma compreensão pouco unânime acerca dos seus objetivos, o que pode ser atestado pela diversidade de princípios e concepções em torno de projetos político-pedagógicos, metodologias e formação de seus professores.

Boa parte dessa conversação em torno do ensino religioso nasceu dos movimentos sociais que "invadiram" Igrejas para abrirem-nas para uma solidariedade atuante nos espaços mais amplos e públicos da vida coletiva. É o que sugere a professora Sandra de Fátima Pereira Tosta em seu artigo "A praça é do povo, como o céu é do avião! Nele se encontra uma reflexão sobre movimentos sociais e práticas religiosas como instâncias educativas que possibilitam a ampliação da cidadania e da participação de setores populares na vida pública nacional, considerando, sobretudo, a capacidade de organização e de luta de determinados atores políticos em suas alianças com setores da sociedade, entre eles, instituições religiosas. Além da discussão de movimentos sociais na década de 1980, o texto demonstra como educação e escola são bens de direito de importância primeira nas lutas de grupos populares. Os dados que servem de base a essa reflexão resultaram de pesquisa realizada em um bairro da região operária de Contagem – município da Grande Belo Horizonte, entre os anos de 1994 e 1997, e permitem retomar e, ao mesmo tempo, repensar a importância de estratégias de mobilização popular quando associadas a um tipo de atuação de um setor específico da Igreja católica, no Brasil, nos anos 1970 e 1980. Principalmente, aquele que teve como modelo teológico a Teologia da Libertação e como modelo pedagógico e organizativo os grupos que configuram as Comunidades Eclesiais de Base (CEBs).

Na luta por espaços e formas de organização, pelos direitos ao exercício pleno da cidadania, encontra-se, também, a saúde mental despida de discriminações e preconceitos, trabalhada à luz de paradigmas recentes. Ela se constitui em um espaço de maior consciência de si e de liberação das capacidades individuais ao ponto de envolver o sujeito "usuário da saúde mental", em projetos pedagógicos que visam à produção do trabalho como expressão de si próprio. Tal é o objeto do capítulo do professor Múcio Tosta Gonçalves, em um instigante texto: "De espera a conquista: o lugar do trabalho na formação política e 'técnica' de usuários de Serviços de Saúde Mental". Ele tem como objetivo discutir uma experiência de formação de usuários de Serviços de Saúde Mental desenvolvida entre 1998 e 2003, da qual o autor participou como formador de equipe e assessor na discussão sobre a formação de uma Associação de Produção e de Trabalho. A experiência iniciou-se a partir da resposta dada por um grupo de psicoterapeutas de Serviços Públicos de Saúde Mental de Belo Horizonte e participantes do Fórum Mineiro de Saúde Mental em face de uma pressão dos usuários daqueles serviços. Abre-se uma discussão sobre o lugar do trabalho no atendimento à loucura e à possibilidade de constituição de uma cooperativa de produção e trabalho dos bens e serviços produzidos pelos usuários. A idéia básica, inspirada na experiência do município de Santos (SP), era buscar atividades que, além de seu caráter libertador da capacidade individual, permitissem a geração de renda e constituíssem alternativa para a inclusão social. As primeiras iniciativas centraram-se na organização de cursos de qualificação profissional em vários ofícios manuais e artísticos (no âmbito do Programa Estadual de Qualificação Profissional – PEQ), e chegaram a envolver cerca de 350 "alunos". Ao longo de sua evolução, o projeto de qualificação profissional foi reformulado com base na ampliação dos parceiros envolvidos e centrou-se na questão da formação de uma Cooperativa, objeto atual de discussão da Associação que está sendo formada pelos usuários com suporte do corpo técnico de psicoterapeutas.

E, finalmente, em uma sociedade nacional em que o global e o local se interagem mais do que nunca, os direitos sociais próprios da cidadania empurram-nos para a dimensão da espécie humana. Sob à luz da espécie, os direitos dos cidadãos se convertem em direitos humanos. "Cidadania e direitos humanos", do professor Carlos Roberto Jamil Cury, é um ensaio que deveria constituir-se em uma reflexão direta sobre a cidadania, a educação e o sistema penitenciário. Entretanto, em que pese a importância desse dever de Estado para com a reinserção moral do apenado na sociedade, entendeu-se ser também pertinente vincular a figura do presidiário aos direitos humanos. À luz desses, será possível construir uma assistência educacional nos presídios que tome os presos condenados como pessoas humanas, e, nessa medida cosmopolita, deixem de ser uma espécie de apátridas ou de cidadãos de segunda classe.

Aos nossos leitores, uma boa e prazerosa leitura!

Carlos Roberto Jamil Cury
Sandra de Fátima Pereira Tosta
Organizadores

O COLEGIADO NA ESCOLA:
UMA EXPERIÊNCIA NO EXERCÍCIO DA CIDADANIA

Benta Maria de Oliveira

> Tudo flui, e tudo só apresenta uma imagem passageira. O próprio tempo passa com um movimento contínuo, como um rio... O que foi antes já não é, o que não tinha sido é, e todo instante é uma coisa nova.
>
> (Ovídio)

O colegiado da escola pública como uma das estruturas propostas de descentralização na política educacional, expressada na gestão democrática, vem sendo implementado em Minas Gerais, desde o ano de 1982, no governo de Tancredo Neves. São vinte anos de experiência de democratização na escola pública e, no entanto, ainda estamos falando de uma conquista que está em processo de consolidação. Na verdade, a gestão democrática da escola necessita de que todos os membros da comunidade escolar estejam envolvidos com o fazer públicos, especialmente, no que tange à participação, exercício essencial de toda democracia.

Nas últimas décadas, mais precisamente desde o processo de redemocratização do País, em meados de 1980, período em que houve a abertura política marcada pelas eleições para governador, muito se tem falado de cidadania, democracia, direitos humanos. Mas a qual cidadão estou me referindo? Professores, funcionários, pais e alunos exercendo sua cidadania, a partir do espaço escolar, identificado neste trabalho como o Órgão Colegiado Escolar.

Conceituar cidadania é bem complexo, principalmente porque as representações que fazemos dela são diversas: pode ser vista como nacionalidade, juízo de valor, associa-se ao aspecto positivo da vida social do homem em contraponto à não-cidadania, à marginalidade. Quando me refiro à cidadania, estou pensando na atuação democrática dos sujeitos envolvidos com o processo político-pedagógico da escola e, em especial, no fórum do Órgão Colegiado Escolar, espaço de exercício da cidadania. Mas como avaliar a participação dos atores, qualificá-la e quantificá-la, naquela instância? Tratava-se de algo profundamente subjetivo, uma vez que é muito complexo dar conta da consciência individual do ator chamado a participar, de sua verdadeira e íntima vocação, compreendida como a disposição pessoal para engajar-se nesse processo democrático, portanto, participativo (CATTANI; GUTTIERREZ, 1998). A participação a que me referia era a dos atores engajados no fazer da escola pública, exercendo o seu direito como cidadão representante de um segmento da escola, no Colegiado Escolar.

Essa forma de participar, escolhida democraticamente pelos seus pares, apresenta-se como uma ação política já que representará interesses da comunidade escolar, possibilitando o exercício da cidadania. A participação política é um termo analisado por Bobbio (1991, p. 888-889), que considera haver três formas ou níveis de participação:

> A primeira forma, designa com o termo presença, forma menos intensa e mais marginal de participação política; trata-se de comportamentos essencialmente receptivos ou passivos, como a presença em reuniões, a exposição voluntária a mensagens políticas etc., situações em que o indivíduo não põe qualquer contribuição pessoal. A segunda forma poderíamos designá-la com o termo de *ativação*; aqui o sujeito desenvolve, dentro ou fora de uma organização política, uma série de atividades que lhe foram confiadas por delegação permanente, de que é incumbido de vez em quando, ou que ele mesmo pode promover. Isto acontece quando se faz obra de proselitismo, quando há um envolvimento em campanhas eleitorais, quando se difunde a imprensa do partido, quando se participa em manifestações de protesto, etc. O termo *participação,* tomado em sentido estrito, poderia ser reservado, finalmente, para situações em que o indivíduo contribui direta ou indiretamente para uma decisão política. Esta contribuição, ao menos no que respeita à maior parte dos cidadãos, só poderá ser dada de forma direta em contextos políticos muito restritos; na maioria dos casos, a contribuição é indireta e se expressa na escolha do pessoal dirigente, isto é, do pessoal investido de poder por certo período de tempo para analisar alternativas e tomar decisões que vinculem toda a sociedade.

O próprio Bobbio analisa o quanto é complicado o exercício da participação política. Muitas vezes, a participação eleitoral ou em pequenas associações como: sindicatos, associações culturais, recreativas ou religiosas, é vista, como a única forma a participação política. Apesar de o ideal democrático supor que os cidadãos estejam atentos à evolução da coisa pública, informados dos acontecimentos políticos, capazes de escolher entre as diversas alternativas apresentadas pelas forças políticas e interessados em formas diretas ou indiretas de participação, não é isso que se constata.

Touraine (1996, p. 103) afirma que "a força principal da democracia reside na vontade dos cidadãos de agirem, de maneira responsável, na vida pública", é sobre esse participar, envolver-se com a coisa pública sem interesses pessoais, e sim visando a uma coletividade, no exercício permanente da cidadania que envolvia o meu objeto. Exercício da cidadania compreendido como a totalidade dos direitos que o indivíduo tem de desempenhar nas mais diversas funções no tecido social, do ponto de vista individual e social, como afirma Rodrigues (2000).

O colegiado escolar é um espaço institucional rico em experiências políticas, onde os sujeitos ali representantes têm responsabilidade muito grande sobre os rumos da escola; lugar de assumir efetivamente o papel de cidadão, em uma busca incessante para confirmar os seus direitos e deveres, assim como reafirmar os rumos da democracia, participação efetiva na vida pública como expressão maior da cidadania ativa, como explica Benevides (1998, p. 161):

> Essa participação significa organização e participação pela base, como cidadãos que partilham dos processos decisórios em várias instâncias, rompendo a verticalidade absoluta dos poderes autoritários. Significa, ainda, o reconhecimento (e a constante reivindicação) de que os cidadãos ativos são mais do que titulares de direitos, são criadores de novos direitos e novos espaços para expressão de tais direitos, da criação e consolidação de novos sujeitos políticos, cientes de direitos e deveres na sociedade.

A gestão democrática nas escolas e o colegiado escolar já foram temas bastante discutidos, mas pouco se tem registrado sobre os fazeres dos atores sociais que o compõem. Os estudos disponíveis sobre colegiado não enfatizaram a participação, efetiva ou não, dos sujeitos escolhidos pelo voto, representantes legais da comunidade escolar, e a relação estabelecida com a prática democrática, dentro da estrutura colegiada e o cotidiano das escolas.

Assim sendo, o exercício dos direitos políticos pelos quais as pessoas votam e podem ser votadas, como prática pedagógica, implica experiência e organização e, de certa forma, remete a uma mudança na mentalidade atomizadora do individualismo, constituindo-se em uma prática democrática. E discutir essa prática pedagógica e democrática, certamente, requer uma investigação diretamente ligada à temática da participação dos atores sociais.

Cidadania, participação, democracia, gestão democrática são processos construídos e, como processos, carregam as marcas de cada tempo e espaço. A temática da investigação foi o colegiado da escola pública e a interface entre os atores sociais que dele fazem parte. A indagação central é se o órgão colegiado é uma instância que propicia a experiência compartilhada no exercício da cidadania, já que acredito que esse seja um espaço instituído de práticas político-sociais.

Gestão democrática na escola

Constata-se que a idéia de envolver a comunidade, levando-a a participar da vida da escola, no Brasil, data do século passado, perpassando por várias concepções pedagógicas e políticas, mostrando a dependência da escola ao movimento político predominante em cada época. E encontra-se, já nos anos 1920, essa participação outorgada ao outro como direito, e não como reivindicação popular.

Essa participação da comunidade na escola, naquela época, tinha intenção direcionada em torno das iniciativas sanitárias para melhorar o nível de higiene e de saúde das populações mais carentes, ou seja, aos que freqüentavam o ensino público era preciso oferecer educação sanitarista, em razão do baixíssimo nível de informação e das próprias condições de urbanização.

Os primeiros movimentos de participação na gestão da escola pública de que se têm notícias foram dos estudantes secundaristas no antigo Distrito Federal, durante a gestão de Anísio Teixeira, como secretário de Educação, nos anos 1931-1935. Anísio Teixeira foi o primeiro administrador público a relacionar *democracia com administração da educação*. Seu projeto de Educação concebia a escola como o único caminho para a democracia, e esta, como o regime capaz de fornecer instrumentos para a gestão da coisa pública. Esse movimento de democratização, porém, foi vetado pelas forças políticas que preparavam o Estado Novo, já que, na visão desses autores, as idéias acima expostas desorganizavam a ordem estabelecida.

A história da Educação no Brasil registra a presença de *formas colegiadas* também na administração de instituições educacionais, principalmente, na Universidade, após a Reforma do Ensino Superior. Caracterizada como movimento de ação colegiada, encontra-se também a Associação de Pais e Mestres, que teve a sua origem na Reforma do Ensino Primário, realizada em 1927, por Francisco Campos. Na década de 1970, a presença dos pais na escola continuou a ser importante até para o regime autoritário, que vislumbrava, nas Associações de Pais e Mestres, uma forma de "cidadania sob controle".

Em 1971, a Lei n. 5692/71, art. 62 (Brasil, 1971), torna a Associação de Pais e Mestres uma instituição obrigatória aos sistemas de ensino, procurando envolver novamente a comunidade de pais, com o objetivo de "colaborar para o eficiente funcionamento dos estabelecimentos de ensino". Na legislação atual, essa associação permanece enfraquecida em algumas escolas e efetiva em outras.

A Caixa Escolar, outra demonstração de ação colegiada, criada por meio do Decreto-Lei n. 8.529, de 1946, (BRASIL, 1946) "Lei Orgânica do Ensino Primário", é considerada um tipo de prestação desse serviço que tem o mérito de fortalecer os sentimentos de solidariedade entre a escola, a família e os alunos, oferecendo assistência àqueles estudantes mais carentes. Anterior a esse Decreto, em 1937, a Constituição Brasileira já mencionava o auxílio dos ricos aos pobres, mediante uma ajuda destinada à Caixa Escolar.

Os caminhos democráticos no campo educacional em Minas Gerais

Primeiramente foi a abertura política iniciada na década de 1980. O governador Tancredo Neves (1983-1996) foi eleito governador do Estado de Minas Gerais e teve como vice-governador, Hélio Garcia, que, doze meses após a posse, assumiria o cargo de governador por causa da candidatura de Tancredo Neves à Presidência da República. Ainda nas propostas de campanha eleitoral para o governo, Tancredo demonstrara, mediante um documento intitulado "Governar é...; diretriz para um plano de governo em Minas", a intenção de romper com o autoritarismo centralizador no campo educacional.

Nesse período, deu-se a criação de canais de participação e interlocução tanto entre os órgãos centrais e regionais com as unidades escolares quanto entre os diferentes segmentos e instâncias daquela Secretaria com a comunidade escolar, pais, alunos, professores etc., de modo que todos fossem ouvidos e do conjunto dessas opiniões fossem retirados os elementos para fundamentar as políticas educacionais.

No efetivo processo de interlocução com a comunidade, o *I Congresso Mineiro de Educação*, que ocorreu em outubro de 1983, foi um marco fundamental na discussão para a democratização do ensino público em Minas. "Educação para a mudança" foi o mote de um documento emitido pela Secretaria Estadual de Educação, chamando a comunidade à participação e propondo algumas questões básicas que deveriam ser analisadas em ampla discussão com a sociedade. Otávio Elísio, então secretário Estadual de Educação, e sua equipe lançaram um documento, alicerçado no próprio programa do governo do Estado, que traçava as diretrizes da política educacional.

> Com o Colegiado e a Assembléia Escolar, a escola atingirá a democracia, pois todas as decisões adotadas serão traçadas pelo Colegiado e, mais que isto, aprovadas pelas assembléias das escolas a serem realizadas, no mínimo, semestralmente... Os colegiados poderão promover uma verdadeira reforma no processo educativo, tanto do ponto de vista pedagógico, quanto administrativo. Mas sua criação não significa um esvaziamento do cargo de diretor de escola, uma vez que a presidência será ocupada pelo Diretor. O que haverá é democracia e participação da comunidade na condução do destino da escola. (Minas Gerais, 1983)

O *I Congresso Mineiro de Educação* foi planejado e organizado com a constituição de comissões para discussão e apresentação de propostas de trabalho, prática até então inexistente nas escolas. Essa estratégia fomentou a organização inicial dos colegiados como instrumento auxiliar da administração escolar. Apesar de o Congresso ter enfrentando inúmeras dificuldades de participação popular, em razão da falta de hábito do povo em práticas de participação política, ele possibilitou avanço significativo nos rumos da Educação mineira em especial, destacando-se a forma colegiada de administração.

A estrutura de participação colegiada

O Colegiado de 1983 surgiu, portanto, como conseqüência de uma política de abertura democrática, como proposta de um governo que declarou assumir o compromisso com a democratização dos processos escolares e se organizou, estimulando a participação comunitária, em um evento que se tornou fórum ampliado de debates das questões educacionais mineiras.

Sendo assim, o colegiado foi juridicamente criado pela Resolução n. 4.787, publicada em 28 de outubro de 1983. Essa resolução, que instituía os colegiados, previa a sua implantação imediata, devendo estar em funcionamento já no primeiro semestre letivo de 1984. Nesse período em que foi publicada, vários movimentos foram realizados para levar às escolas o maior número de informações sobre o procedimento para a implementação da ação colegiada. A participação da comunidade, principalmente a dos pais, no processo político-pedagógico da escola por meio da instituição do Colegiado Escolar foi um avanço extraordinário no fazer permanente da escola, mas

> apesar de promover toda essa ampla rede de participação, não houve condições políticas para a adoção da prática de eleições de diretores de escola, nem mesmo para a instituição do mecanismo das listas tríplices. Não obstante, em certos municípios, os colegiados de escola procederam a negociação com o deputado mais votado no município, que detinha o poder de indicar os diretores no sentido de que fosse escolhido o mais votado por professores, funcionários e pais de alunos. (CUNHA, 1999, p. 173)

Essas dificuldades se intensificaram no governo posterior, de Newton Cardoso (1987-1990). O processo para eleições de diretores esvaziou-se, o que provocou descontinuidade das ações que vinham sendo implementadas e a alteração da forma de gestão educativa: foram mantidas as equipes regionais e os colegiados de escolas, mas houve redução de seu poder de acordo. As políticas educacionais desse governo, segundo observa Cunha (1999, p. 187),

> resultaram numa completa demolição do que havia sido erigido na gestão anterior [...] Os diretores de escolas continuaram a ser designados pelo esquema do clientelismo, chegando a haver conflitos em alguns estabelecimentos da

rede estadual nas quais os professores, os estudantes e seus pais pretendiam continuar influenciando o processo de escolha, mesmo que fosse pelo processo das listas tríplices.

Quais os motivos que levaram a população da escola a permanecer calada, aceitando as ordens de um novo governo como se nada tivesse acontecido em termos de conquistas ou avanços, em uma política participativa na escola? Especialmente, no Colégio Estadual "Governador Milton Campos", entidade tão destacada pelas participações acadêmicas e políticas na cidade de Belo Horizonte.

No próprio depoimento da diretora não ficam bem claros os motivos que impediram a comunidade escolar de reivindicar direitos que foram conquistados, em especial, o de permanecer escolhendo os diretores das escolas públicas. Apesar das greves em número excessivo, poucas foram as conquistas alcançadas com esses movimentos e, no que diz respeito à democratização da gestão escolar, houve retrocesso.

Em 1986, no governo anterior ao de Hélio Garcia, foi enviado à Assembléia Legislativa um projeto de lei regulamentando a eleição para diretor de escola, mas, somente em 1989, já no governo de Newton Cardoso, foi promulgada a nova Constituição Estadual de Minas Gerais e, no art. 196 (VELOSO, 2001), o cargo de diretor seria preenchido através de uma seleção competitiva interna.

A efetivação da regulamentação de uma lei garantiria direitos até então desejados e efetivados por uns, mas desqualificados por outros, dependendo da direção do governo. Assim, inaugurava-se uma época que pretendia eliminar uma prática clientelista e corporativista na educação pública em Minas Gerais.

Novamente governador de Minas, Hélio Garcia (1991-1994), por intermédio de seus assessores, retoma o projeto de fortalecimento da autonomia da escola e de sua direção, por meio da escolha direta do diretor e do colegiado escolar. Buscando propiciar maior autonomia da escola, o governo, via Secretaria Estadual de Educação, recomenda que a gestão dos aspectos pedagógicos, administrativos e financeiros deveriam ser realizados pela própria escola, descentralizando, assim, a administração de seu pessoal e o planejamento dos recursos financeiros que seriam transferidos para a Caixa Escolar.

O governo de Hélio Garcia e as propostas encaminhadas pela Secretaria Estadual de Educação através do seu projeto educacional visavam: autonomia das escolas; capacitação e aperfeiçoamento dos profissionais da Educação; integração com os municípios; elaboração de programa de Avaliação da Escola Pública e fortalecimento da direção, por meio da implantação do processo de escolha de diretores, que se daria em duas etapas: a primeira, com uma prova de títulos e de escrita, a qual poderiam ser candidatos os profissionais da Educação e, a segunda, que exigiria dos três primeiros candidatos classificados a elaboração de um programa de trabalho apresentado à comunidade, em uma assembléia geral. Somente depois do cumprimento dessas etapas é que os pais, os servidores e os alunos maiores de 16 anos formariam o colégio eleitoral, que, pelo voto secreto, escolheria a direção da escola.

A primeira escolha ocorreu em novembro de 1991, permanecendo os nomeados até final de 1993, quando se repetiu a experiência. A ação colegiada, que até então esteve paralisada, retoma sua ação através da Resolução n. 6.906/92, de 17 de janeiro de 1992, que dispõe sobre a organização e o funcionamento do ensino nas unidades estaduais. O Decreto n. 33.334, de 16 de janeiro de 1992, institui o Colegiado Escolar, que deveria ser composto pelo diretor da escola, que o dirigiria, por membros da comunidade – pais e alunos, na razão de 50% – e, na mesma razão, por representantes dos profissionais da escola.

Em uma pesquisa coordenada por Mattos (1996c), *Gestão Colegiada e Qualidade de Escola*, realizada em 364 escolas públicas de Minas Gerais, constata-se a presença, em 89% das escolas, de uma cultura participativa anterior ao Decreto n. 33.334/1992, quando da implantação do Colegiado de Escola. Em 5% das escolas urbanas havia Congregação; em 78%, a Caixa Escolar, órgão colegiado mais freqüente; em 32%, a Associação de Pais e Mestres; em 30%, a presença do Grêmio Estudantil.

Segundo a pesquisa, constata-se uma vivência democrática em grande parcela das escolas públicas de Minas Gerais ou, pelo menos, observa-se que existem órgãos que possibilitam a efetiva democracia. A forma como esses órgãos atuam na comunidade, em uma perspectiva qualitativa, não foi mencionada nessa pesquisa.

No governo de Azeredo (1995-1998), a grande mudança verificada foi nacional, com a própria Assembléia Constituinte e os movimentos populares em torno da votação da Carta Magna. Nesse governo, Walfrido dos Mares Guia, secretário de Educação do governo anterior, assume o cargo de vice-governador, fato que facilitou a continuidade das propostas realizadas no mandato antecedente. Também, na época desse governo, foi publicada a nova Lei de Diretrizes e Bases da Educação Nacional, que assegurava a necessidade de descentralização da Educação em todos os Estados brasileiros. No texto da nova Lei n. 9.394/96, a gestão democrática do ensino público está contemplada na forma dessa lei e da legislação dos sistemas de ensino, ou seja, as legislações estaduais e os próprios regimentos internos das escolas, determinando que os sistemas de ensino definirão as normas de gestão democrática do ensino público na educação básica, de acordo com as suas peculiaridades e conforme os seguintes princípios: participação dos profissionais da Educação na elaboração do projeto pedagógico da escola e participação das comunidades escolar e local em conselhos escolares ou equivalentes; em uma terceira referência, trata da gestão democrática nas instituições de ensino superior.

Nota-se que, antes mesmo da promulgação, em dezembro de 1996, da Lei de Diretrizes e Bases 9.394/96, que assinala a instalação de uma gestão democrática no ensino público, em Minas Gerais, assim como em alguns Estados brasileiros, já havia muitas histórias para contar sobre avanços e retrocessos, quanto ao embate em prol da democratização do ensino público. Certamente, essas conquistas regionalizadas muito contribuíram para as discussões nacionais, pela participação de vários segmentos da sociedade, em um debate que durou longo tempo.

A escola ser democrática em sua gestão realmente não garante por si só melhor fazer pedagógico, mas possibilita a aprendizagem da participação, o efetivo exercício do direito político de votar e ser votado representante de uma comunidade escolar, a prática de uma cidadania que precisa ser aprendida e só exercendo-a para se aperfeiçoar esse fazer. O modelo antigo de escola centralizadora, em uma gestão autoritária e muitas vezes arbitrária, parecia não caber mais na sociedade contemporânea. Reconhecia-se legal e politicamente que sistemas centralizadores são ineficientes e, nesse sentido,

> é a democracia que institui novas formas de poder e de controle desse poder pela ampliação da participação política, permitindo ao cidadão zelar pelo que é seu, de direito. [...] Administração democrática impõe a participação, pressupondo princípios de igualdade do exercício da cidadania. A democracia fundamenta-se na autonomia das vontades individuais harmonizadas no interesse coletivo. A gestão democrática impõe-se pela natureza dos interesses coletivos da

ação pública e constitui-se em estratégia para eliminar a verticalidade dos processos decisórios. Assim, democracia, descentralização e gestão democrática são indissociáveis. (MATTOS, 1996a, p. 20)

Para que haja democracia em uma gestão escolar, é preciso contar com a participação ativa dos membros do Colegiado Escolar. A falta de interesse em estar realmente usufruindo um direito democrático de participação política naquilo que é da comunidade, sejam professores, sejam pais, sejam alunos, ainda se faz presente no Colegiado Escolar do Colégio Estadual Governador "Milton Campos", confirmada pela ausência às reuniões, pela falta de interesse em relação aos temas propostos para discussão nos debates pouco consolidados e, principalmente, pela falta de envolvimento com as questões da escola. Essa constatação não se fez presente em todos os membros do colegiado, existindo pessoas que realmente se interessavam pelas discussões em pauta.

Outros dados substantivos sobre o colegiado foram apresentados por Mattos (1996b) e, em um dos subprojetos – *A Gênese dos Colegiados de Escola* (Documento III) –, a pesquisa procurou identificar "as percepções dos sujeitos participantes do momento histórico da organização, estruturação e instalação do primeiro Colegiado e, posteriormente, dos Colegiados eleitos em 1993 e 1994", lembrando que, naquela ocasião, o mandado do colegiado era de um ano. Essa pesquisa foi realizada em 364 escolas públicas de Minas Gerais, com uma amostra que considerou os graus de ensino oferecidos pela rede estadual (MATTOS, 1996a, p. 15-16). Com esse estudo, constatou-se que havia uma cultura de participação nas escolas do Estado de Minas Gerais, com a existência de algum tipo de órgão colegiado anterior ao Decreto n. 33.334/1992, que deu início à representação colegiada nas escolas estaduais.

Em outra pesquisa realizada por Parente e Lück (2000), em todo o território nacional, com exceção de Rondônia, que não respondeu aos questionários, foi constatado que a gestão democrática foi difundida nas escolas de todos os Estados, sob diferentes formas, identificando-se a existência de treze tipos de estrutura de gestão colegiada. As mais significativas foram: o *Conselho Escolar*, implantado em 13 unidades federadas e em 37,28% de suas escolas estaduais; a *Associação de Pais e Mestres* (APM), também implantada em 13 unidades federadas e em 32,69% de suas escolas; o *Colegiado Escolar*, implantado em quatro unidades federadas (BA, MA, MG, MS) em 24,59% de suas escolas (10.311

escolas que implantaram num total de 41.930, no Brasil); e a *Caixa Escolar*, implantada em nove unidades federadas e em 18,22% de seus estabelecimentos de ensino fundamental.

Em Minas Gerais, num total de 5.334 escolas estaduais pesquisadas, todas implantaram o Colegiado Escolar,[1] encontrando-se, em uma mesma escola, além dessa estrutura de gestão colegiada, a Caixa Escolar. Essa pesquisa nos coloca uma visão geral do quadro brasileiro em relação à proposta de uma gestão democrática na escola e situa o Estado de Minas Gerais, nesse contexto, como um dos locais em que mais se encontra o Colegiado Escolar nas escolas públicas estaduais.

No governo de Itamar Franco (1999-2002), Murílio de Avelar Hingel, ao assumir a Secretaria Estadual de Educação, encarregou-se de realizar uma avaliação da gestão democrática na rede de ensino. O Grupo de Trabalho (GT) parte de pressupostos de democratização mais amplos que a escolha dos dirigentes escolares e a constituição de colegiados e pressupõe a participação de seus diferentes segmentos (pais, funcionários, professores, alunos), no processo de tomada de decisões relativas à organização e ao funcionamento da escola. Nessa linha de pensamento, o GT elege alguns princípios norteadores da construção de uma escola democrática, como o processo de eleição direta dos diretores de escola, a instituição dos colegiados escolares no Estado e a participação relacionada no documento como

> a participação da comunidade escolar e local está sendo entendida como o princípio que garante a presença da comunidade na escola, principalmente em seus órgãos colegiados. Incorpora, portanto, a idéia de que a presença da comunidade local (pais e alunos) embora, por si só, não garanta o desejado ensino de qualidade, permite que a luta por esse ensino tenha prosseguimento. A preocupação é a de reconhecer que é necessário continuar reivindicando o direito de acesso e de permanência em uma escola pública de qualidade.
>
> O princípio da participação, previsto expressamente na LDB como fundamental aos profissionais da educação e à presença da comunidade nos seus órgãos colegiados, deveria ser complementado, em Minas Gerais, pela garantia de participação em relação à criança e ao jovem. (MINAS GERAIS, 1999, p. 17)

---

[1] Fonte: Censo Educacional/MEC – 1997 – e Instituto de Pesquisa Econômica Aplicada (Ipea)/Conselho Nacional de Secretários de Educação (Consed) – 1998.

A leitura e a análise do diagnóstico realizado pelo GT não é muito alentadora. Sobre o funcionamento dos colegiados de escola, identifica-o como distante de ser um instrumento da construção da escola democrática. O predomínio dos temas financeiros e administrativos nas pautas de reuniões dos colegiados encontradas é uma realidade que foi fortemente influenciada pela própria política educacional da Secretaria, a partir de 1991.

Inicialmente, em 1991, quando o colegiado estava retomando as suas funções, os temas financeiros e administrativos realmente podiam ter sofrido influência da política educacional da Secretaria. O que constatei, entretanto, foram outros fatores que interferem também na não-inclusão dos temas pedagógicos nas pautas das reuniões do colegiado. O Projeto Pedagógico encaminhado pela Secretaria Estadual de Educação ainda não era bem conhecido pelos membros que compunham o colegiado; da mesma maneira, a Lei de Diretrizes e Bases da Educação Nacional, n. 9.394/96, de 20 de dezembro de 1996. Isso justifica a fala constante da diretora da escola sobre os seguintes pontos: a necessidade de os professores, os pais e os alunos saberem da nova LDB, principalmente no tocante ao processo de avaliação e da recuperação paralela; o fato de nem todos os professores terem elaborado e entregue à coordenação pedagógica da escola os Planos de Cursos; e o fato de o próprio Projeto Pedagógico ou mesmo o Plano de Desenvolvimento da Escola (PDE) também não estarem formulados. Como, então, um colegiado pode discutir aspectos pedagógicos mais sólidos se não conta com as diretrizes mínimas para respaldar qualquer discussão nessa área? É mais fácil incluir na pauta assuntos administrativos ou financeiros rotineiros e que exigem prazo para a sua deliberação, a investir maior tempo e envolvimento em aspectos pedagógicos da escola e que realmente representam a sua finalidade máxima, ou seja, transmitir e construir novos conhecimentos.

A escola pesquisada

O Colégio Estadual "Governador Milton Campos" tem sua origem na instrução secundária do governo de Minas Gerais, a partir de 1774, em Vila Rica. A 1º de junho de 1774, o padre Antônio Corrêa de Souza Melo foi provisionado para reger a aula em latim da antiga capital mineira, sendo considerado o professor público mais antigo de Minas, tendo permanecido nessa cadeira durante seis anos. De 1774 a

1801, a instrução pública de Vila Rica resumia-se na referida aula de latim, sendo mais tarde criadas aulas avulsas, de latim, em diversos pontos da cidade.

Em Ouro Preto, a instrução pública de ensino médio foi ministrada sob dois regimes: aulas avulsas e aulas reunidas. Em 1839, as aulas já existentes e as posteriormente criadas foram unificadas, passando a existir, daí para frente, apenas aulas reunidas, ministradas em estabelecimento oficial que, através dos tempos, teve vários nomes: Colégio Público, Colégio Nossa Senhora da Assunção da Imperial cidade de Ouro Preto, Estudos Intermediários e Lycêo Mineiro.

O Lycêo da capital foi fundado em 1851 e regulamentado pelo presidente da Província, Francisco Diogo Vasconcelos, em 5 de fevereiro de 1854, e, posteriormente, denominado Gymnásio Mineiro, em 1890, no governo de Bias Fortes, com duas sedes: uma em Barbacena, com o internato, e a outra, em Ouro Preto (capital mineira à época) onde funcionava o externato.

Apesar da mudança da capital para Belo Horizonte, em dezembro de 1897, o externato do Ginásio Mineiro permaneceu em Ouro Preto, transferindo-se para a nova capital, em 1898, onde se instalou na praça Afonso Arinos, ainda com o nome de Gymnásio Mineiro. Em 1956, depois de se instalar em edificações diversas em Belo Horizonte, é realizada a inauguração da nova sede, onde se encontra até hoje, num prédio tombado pelo Patrimônio Histórico da cidade, na região Centro-Sul. Em 1974, recebeu o nome de Colégio Estadual de 1º e 2º graus "Governador Milton Campos".

O colegiado escolar

O Diário Oficial do dia 17 de outubro de 2000 publicou a Resolução de número 147, da Secretaria de Estado de Educação de Minas Gerais, instituindo o funcionamento do Colegiado (Órgão Colegiado Escolar), cujas regras foram válidas para as eleições do dia 3 de dezembro do mesmo ano, nas escolas estaduais. Assim, o colegiado foi composto de pais, alunos, professores e funcionários com um mínimo de quatro componentes e, no máximo, de 17. Esse órgão tinha funções de caráter deliberativo e consultivo nos assuntos referentes à gestão pedagógica, administrativa e financeira das escolas estaduais conforme especifica seu art. 2º. Em seu parágrafo 1º, trata das funções deliberativas que "compreendem a tomada de decisões relativas às diretrizes e linhas gerais das ações pedagógicas, administrativas e financeiras, desenvolvidas na escola".

Relacionando as sugestões propostas pelo Grupo de Trabalho, no documento intitulado "Relatório do Grupo de Trabalho para a Realização de Estudos e Definição de Princípios Norteadores da Gestão Democrática da Escola da Rede Pública do Estado de Minas Gerais", apresentado em 19/4/1999 com a Resolução n. 147, de 17 de outubro de 2000 (MINAS GERAIS, 2000), pode-se constatar mudanças pouco significativas. Na verdade, a avaliação e as recomendações apresentadas pelo GT pouco acolhimento tiveram. Entretanto, o estudo feito pelo Grupo de Trabalho possibilitou um avanço no Colegiado Escolar que está em vigor, em relação às resoluções anteriores da Secretaria Estadual de Educação (Resoluções de n. 6.907, de 23/1/92, n. 7.832, de 22/1/95, e n. 7.943, de 23/1/97), em se tratando do princípio da autonomia.

Pode-se dizer que, nas escolas onde existem a representação colegiada a democracia e a cidadania andam juntas e são vistas como a possibilidade de uma gestão democrática participativa. Gadotti (2000, p. 76) assim a conceitua:

> A gestão democrática deve estar impregnada por uma certa atmosfera que se respira na escola, na circulação das informações, na divisão do trabalho, no estabelecimento do calendário escolar, na distribuição das aulas, no processo de elaboração ou criação de novos cursos ou de novas disciplinas, na formação de grupos de trabalho, na capacitação de recursos humanos, etc. A gestão democrática é, portanto, atitude e método. A atitude democrática é necessária, mas não é suficiente. Precisamos de métodos democráticos de efetivo exercício da democracia. Ela também é um aprendizado, demanda tempo, atenção e trabalho.

É esse aprendizado de uma gestão democrática que se traduz no colegiado escolar do Colégio Governador "Milton Campos", desde 1983, que "demanda tempo, atenção e trabalho" que, através da ação dos atores envolvidos no Colegiado Escolar, gestão 2001/2002, especificamente ao ano de 2001, do qual participei em todas as reuniões ordinárias, procurei identificar se, realmente, o colegiado na escola pública é uma experiência compartilhada no exercício da cidadania. É esse aprendizado de gestão democrática – no Colegiado Escolar do Colégio Governador

"Milton Campos", desde 1983, isso se traduz por uma ação que "demanda tempo, atenção e trabalho" – que procurei identificar para saber se realmente o colegiado na escola pública é uma experiência compartilhada no exercício da cidadania. Nesse estabelecimento participei de todas as reuniões ordinárias do Colegiado Escolar, gestão 2001/2202, especificamente no ano de 2001.

Considerações finais

A cidadania é tema de debates e de construções desde a antiguidade, quando ela era delegada a alguns e sonegada para outros. Pelo direito de ser cidadão, na Grécia, os que detinham o poder decidiam os caminhos da cidade. O conceito de cidadania nas sociedades modernas foi-se alargando e, em especial, na França, por meio das lutas da burguesia ilustrada, mas também de outras camadas sociais, como os trabalhadores urbanos e os camponeses, que tentavam conquistar novo status social. Iniciada em 1789, com a Queda da Bastilha, a Revolução Francesa possibilitou a ampliação dos direitos políticos, civis e sociais, e com esses, também a ampliação dos deveres a ser cumpridos. A liberdade, a igualdade e a justiça eram pretendidas para todos, mas a igualdade civil e social ficou restrita ao novo grupo dominante. Com a Revolução Francesa, segundo a periodização aceita pela maioria dos historiadores, termina a Idade Moderna e tem início a Idade Contemporânea.

No Brasil, os ideais de liberdade, igualdade e fraternidade alimentaram anseios de emancipação. A partir da Proclamação da República, em 1889, as Constituições imitaram modelos europeus, importando, principalmente, as idéias liberais que foram construídas por um tipo de sociedade, mas que em nosso país foram assumidas pelos intelectuais. A cada período histórico, os direitos dos cidadãos brasileiros eram ora acrescidos, ora retirados nas legislações. Cidadania e Educação podem ser mais bem entendidas sempre que vistas como dimensões que se compõem e se articulam até mesmo nos textos constitucionais.

O primeiro projeto ligado à cidadania, como direito de todos, foi o concernente à população freqüentar a escola para instruir-se e assumir o seu papel na sociedade. Mas não havia escolas para todos, e as existentes eram dedicadas às elites econômicas, cujo projeto era permanecer no poder. O direito ao voto, como garantia ao cidadão de escolher seus representantes, foi uma conquista recente, do século passado, e só ocorreu, gradativamente, aos maiores de idade, às mulheres, aos analfabetos e aos negros.

A necessidade de uma escola pública que pudesse garantir a todos o direito à Educação foi mote de grandes lutas, desde os pioneiros da Educação, em 1930, até os movimentos sociais que se organizavam, na década de 1980, em prol da sociedade oprimida e calada pela ditadura militar. Foram anos de silêncio obrigatório, e aqueles que ousavam expor suas idéias eram excluídos do convívio social.

Mas a democracia, que requer e tem como princípio a participação do povo, necessita de pessoas que se envolvam com a coisa pública, em nome dos direitos sociais, políticos e civis de que toda a comunidade possa usufruir. Os movimentos populares cresceram em várias regiões do País, em busca da liberdade democrática. E a gestão democrática, na escola pública, chega a um momento histórico de reivindicações populares, em torno do fazer coletivo. Era chegada a hora de debates que envolvessem vários segmentos da sociedade para que se alterassem os rumos de uma escola que agora tinha de assumir um projeto educacional alicerçado nos preceitos democráticos.

A década de 1980 alterou os rumos por meio dos quais a Educação até então era organizada administrativa e pedagogicamente. As lutas sociais que se estruturavam fora do espaço escolar acabaram repercutindo no interior das instituições educacionais. E é possível afirmar que gestores que estavam à frente do governo captaram com sensibilidade essa ressonância e buscaram formas de implementar o debate sobre a democratização da escola em Minas Gerais, que ocorreria a partir de 1982. Era a hora da participação social, e a comunidade escolar queria ter voz no espaço da escola.

As eleições para a direção da escola pública foram um marco desse processo, rompendo com um modelo autoritário de escolha partidária e política que prevalecia nas escolas. Era o momento adequado de a comunidade partilhar com a administração escolar as decisões que afetavam a vida de todos. Foram criados os Colegiados Escolares e, com eles, a oportunidade de os vários segmentos da escola – funcionários, alunos, pais e professores – terem o direito à voz e ao voto, de participar, de envolver-se com os fazeres pedagógicos e administrativos, enfim, de exercer, em sua plenitude, o direito de ser cidadão.

A cidadania que só se realiza nas práticas e nas vivências cotidianas concretas, visto não ser um conceito posto e acabado, é uma idéia que se constrói diariamente por meio de atitudes e de valores. Compreender como se dá o deslocamento de um conceito para a sua materialização em práticas sociais foi exatamente o que busquei ao tomar o Colegiado do Colégio Estadual "Governador Milton Campos" como objeto e problema desta investigação. Em outros termos, era o exercício da cidadania supostamente possibilitado pelo Colegiado Escolar como espaço público que procurei identificar nas ações dos seus vários representantes.

Na história dos atores do Colegiado Escolar do Colégio Estadual "Governador Milton Campo", encontram-se experiências anteriores ligadas ao exercício da cidadania no espaço educacional em outras estruturas colegiadas, como Associações de Pais, Grêmio Estudantil e mesmo gestões em Colegiados Escolares, ou seja, quase todos conheciam o modo de se desenvolver uma administração compartilhada. Além dessa experiência, quatro dos seis entrevistados vivenciaram o processo de democratização da escola pública, tanto na rede estadual quanto na municipal, como professores ou pais de alunos. O representante dos alunos, em razão da pouca idade, somava em sua história de vida pequenas participações democráticas, como representante de turma ou atuação em movimentos estudantis, como o Grêmio Escolar.

Foi importante conhecer esse percurso para poder entender melhor a participação dos representantes no Colegiado da Escola, gestão 2001/2002. E uma indagação se colocou de imediato: o fato de todos os entrevistados, exceto o representante dos alunos, já conhecerem o funcionamento de um colegiado, uma associação, uma caixa escolar, tornaria mais fácil e rápida a sua inserção nesse novo grupo e aumentaria a sua contribuição nos assuntos pertinentes ao debate na escola?

A hipótese inicial foi confirmada e responde favoravelmente à questão postulada, ou seja, ter experiência em determinada participação social colabora, mas não é decisiva para que se efetive outra. Ao contrário, o que pude constatar em muitas ocasiões nas reuniões do colegiado foi a presença marcante de João Vítor (representante dos alunos), com idéias renovadoras e sem o "vício pedagógico"[2] do fazer diário. Ele expunha o seu ponto de vista com bastante coerência, reivindicava e discutia com o grupo com propriedade e informação, apesar de não ter nenhuma experiência em associações. Parecia-me que estava

---

[2] Por "vício pedagógico", entendo o fazer rotineiro de uma escola sem reflexão nem mesmo planejamento de novos projetos educacionais.

"nascendo" uma nova liderança naquele espaço, desde que não lhe fossem tolhidas as suas iniciativas acadêmicas e políticas.

Cidadania era um conceito percebido e compreendido de modo díspar para cada representante do colegiado: para a diretora do colégio, era uma construção solitária, individual, um sentimento que depende também de certo padrão cultural. Cidadania para ela está ligada à idéia de participação e envolvimento. Já para o professor Martins, cidadania é difícil de se praticar e está ligada aos direitos associados, aos deveres que cada um deve ter. Para Dr. Augusto, representante dos pais, cidadania está ligada à participação e é direito de todos. O aluno expressa que ser cidadão é ter identidade própria, personalidade, enfim, ser alguém.

A representatividade de cada segmento no Colegiado Escolar também foi tema de reflexão porque está relacionado ao exercício democrático. Esse movimento de as idéias irem e virem, em um intercâmbio entre os representantes e os representados, ficou demonstrado que, naquele espaço social – a escola, com aquele número de pessoas – e graças às especificidades de cada grupo, seja a dos professores, seja a dos alunos, seja mesmo a dos pais, se tornava bastante complicada essa comunicação dos "fazeres" e das decisões tomadas no colegiado, como elemento fundamental à participação.

Esse tema foi debatido em algumas reuniões do colegiado, principalmente na época das paralisações da categoria dos professores (setembro de 2001), mas, em momento algum, nessas reuniões, temas abrangentes da prática cidadã foram debatidos ou refletidos pelos membros da comunidade escolar; oportunidades para isso não faltaram, como por ocasião, já citada, das paralisações dos professores. No entanto, oportunidade de se discutir o desenvolvimento de projetos ou propostas que efetivamente pudessem trabalhar essa questão com os alunos e os professores não foram aproveitadas. A grande preocupação sobre isso, por parte dos pais, era de que maneira a reposição das aulas seria feita pelos professores, fato que é comum aos movimentos grevistas que envolvem suspensão das atividades escolares. Na categoria dos funcionários, essa questão, especificamente, não era de sua alçada. Como eles mesmos disseram, eles pertenciam a outra categoria e com greve ou sem greve eles teriam de trabalhar: "Funcionário não pode fazer greve", dizia uma representante. Cabia, então, aos professores, defender as razões que os estavam levando às paralisações encaminhadas pela categoria e, no caso exposto, somente um professor defendia o direito do grupo de lutar por uma melhor escola e salários mais justos.

Os problemas de comunicação persistiam: como levar as decisões do colegiado às categorias representadas? Um jornal que fosse capaz de informar as decisões das estruturas colegiadas da escola: Colegiado Escolar, a Caixa Escolar, a Associação de Pais, o Grêmio Estudantil e mesmo a Associação dos Funcionários foi cogitado, mas não se operacionalizou por causa de problemas com o custo. As informações, então, eram dadas via mural da escola ou na sala dos professores, o que demonstrava não ser eficiente.

Sabemos que a representação é um poder delegado a quem foi eleito pelo voto da maioria, mas temos ciência, também, que esse mecanismo de escolha nem sempre expressa o desejo de todos, e o risco dessa prática é representar os próprios interesses, os interesses da direção da escola ou mesmo às orientações dadas pela Secretaria Estadual de Educação, que parecia direcionar muito o processo de funcionamento dos colegiados, dando a entender que o outro não saberia construir o processo democrático da escola com autonomia, por isso o caminho era indicado. Foi o que aconteceu com a construção do Regulamento Interno do Colegiado, que cada escola deveria realizar, mas acabou por vir praticamente pronto da Secretaria Estadual de Educação, restando às escolas fazer pequenas adaptações.

Surgem as questões: o que foi possível concluir com a realização desta pesquisa? O colegiado na escola pública é uma experiência compartilhada no exercício da cidadania?

1. A construção do ser cidadão, participativo, está presente no fazer das pessoas que compunham a gestão do colegiado escolar, gestão 2001/2002, cada segmento com as suas características próprias.
2. A prática cidadã é uma construção permanente dos fazeres no espaço coletivo do colegiado.
3. A democratização da escola, mediante as estruturas colegiadas e, em especial, o Colegiado Escolar, possibilitou à comunidade estar presente às decisões necessárias no campo educacional.
4. O Colegiado Escolar é um espaço político para o exercício pleno da cidadania.

No entanto, não podemos deixar de explicitar também que:
1. Dispensamos atenção para esses fazeres porque, mesmo sendo um espaço conquistado ao longo da história – através dos movimentos

dos representantes dos vários segmentos sociais –, ele é também outorgado por meio das Resoluções que vêm regulamentando essa prática do exercício da cidadania dos representantes de cada segmento, no Colegiado Escolar, que, em muitas ocasiões, não usufruíram de sua prerrogativa como cidadãos ativos, ou seja, aqueles portadores de direitos e deveres, mas essencialmente criadores de direitos para abrir espaços de participação.

2. Em uma democracia representativa, que é o caso do Colegiado Escolar, necessariamente a representação se dá pela maioria mais um dos eleitores. Entretanto, no caso da eleição para os segmentos do Colegiado Escolar essa máxima não foi considerada, já que o que prevaleceu foi uma eleição que teve como participantes apenas aqueles que se cadastraram anteriormente ao processo eletivo. No caso do colégio pesquisado, que tem uma população de 5.000 alunos, bastou haver cadastrado 14 alunos para que se tivesse a garantia de um processo eletivo dentro da legislação em vigor (Resolução n.º 147). Acredito ser necessário rever esse dispositivo, de modo a ampliar efetivamente o grau de representatividade daqueles que se candidataram aos cargos no Colegiado.

Os pressupostos da etnometodologia que me fascinaram desde o início dos estudos teóricos e metodológicos e, posteriormente, no campo da pesquisa me colocaram a possibilidade de compreender, mediante as atividades dos atores sociais escolhidos, em observações minuciosas, nas reuniões do Colegiado Escolar, "[...] o modo como as pessoas, enquanto organizadoras do seu quotidiano, utilizam os aspectos mais salientes deste mesmo quotidiano para o fazer funcionar" (GARFINKEL, 1967). Sob essa perspectiva, foram alguns pactos políticos entre os seus representantes: a maioria dos membros eleitos apóia amplamente a gestão da direção atual da escola; foram chapas construídas para dar continuidade ao trabalho proposto na primeira gestão. De certa forma, esse procedimento parece ser benéfico e é o que acontece, mas, por outro lado, empobrece as discussões, visto que o embate de idéias necessário ao crescimento de um grupo ficava prejudicado por essas alianças. Uma exceção se faz na presença da supervisora pedagógica, que pertencia ao segmento dos professores, e que se mostrava contrária à direção e fazia oposição permanente nas reuniões. Mas a sua credibilidade estava arranhada pelos discursos incoerentes que, às vezes, proferia e, assim, sua fala caía no descrédito rapidamente, não repercutia entre os outros participantes, e o fluxo de suas opiniões era sempre interrompido, não caracterizando um posicionamento reconhecido pelos pares no Colegiado.

O fazer cotidiano dos representantes do Colegiado era marcado até pelos lugares à mesa: na cabeceira, a presidência; à sua esquerda, o vice-presidente. Seguindo essa ordem, vinham os representantes dos professores, dos alunos, dos funcionários, e, fechando o espaço, encontravam-se os representantes dos pais. Eu procurava mudar de lugar a cada reunião para criar a possibilidade de um novo olhar, sob outro ângulo, em relação às mesmas pessoas. E foi dessa maneira que fui construindo um perfil de cada representante até ter maior segurança para escolher aqueles a quem eu iria dedicar maior tempo, através das entrevistas e que poderiam levar-me melhor compreensão da prática da cidadania no espaço do Colegiado Escolar.

Valendo-me das reflexões expostas, considero o Colegiado Escolar como uma das estruturas que possibilitam a gestão democrática; é um espaço singular para concretizar o direito ao exercício da cidadania. Conquistado pela argumentação e luta do povo e pela necessidade de ampliação do poder centrado em uma pessoa para discussões dos fazeres e construções sociais no espaço da coisa pública, o Colegiado Escolar mostra-se, ainda que de forma bastante limitada, como um dos lugares onde o exercício da cidadania pode e deve ser vivenciado.

Apesar de todos os obstáculos impostos pela burocracia pública, no espaço educacional, o Colegiado Escolar do Colégio Estadual "Governador Milton Campos" não nega a sua tradição de ser uma escola comprometida com os projetos e as construções do processo educativo por meio da participação democrática, desde a sua fundação, em 1872, época em que atuavam a Reitoria e as Congregações, até os tempos atuais, através das diversas manifestações de participação, seja pelo Colegiado Escolar, pela Caixa Escolar, pelo Grêmio Estudantil, seja pela Associação de Pais e Funcionários existentes na escola.

Nesse tempo em que participei da gestão do Colegiado, pude conhecer de perto as problemáticas da escola pública em suas minúcias burocráticas e que, via de regra, emperram o fazer pedagógico e administrativo da escola. Ademais, pude compartilhar democraticamente com um grupo colegiado que me aceitou como observadora atenta de suas rotinas.

Referências

BENEVIDES, Maria Victória de Mesquita. O desafio da educação para a cidadania. In: AQUINO, Júlio Groppa. *Diferenças e preconceito na escola: alternativas teóricas e práticas.* São Paulo: Summus, 1998. p. 153-169.

BOBBIO, Norberto. *Dicionário de política.* Brasília: Ed. da UnB, 1991.

BRASIL. Lei n. 5.692, de 11 de agosto de 1971. Fixa Diretrizes e Bases para o ensino de 1º e 2º graus, e dá outras providências. Coleção das Leis de 1971 – v. V. Atos do Poder Legislativo – Atos Legislativos do Poder Executivo. Leis de julho a setembro. Brasília: Dep. De Imprensa Nacional, 11 de agosto de 1971.

BRASIL. Decreto-Lei n. 8.529, de 2 de janeiro de 1946. Lei Orgânica do Ensino Primário. Coletânea de Legislação. Legislação Federal Marginalia. São Paulo: LEX, 1946. Ano X.

CATTANI, Afrânio Mendes; GUTIERREZ, Gustavo Luís. Participação e gestão escolar: conceitos e potencialidades. In: FERREIRA, Naura S. Carapeto (Org.). *Gestão democrática da educação: atuais tendências, novos desafios.* São Paulo: Cortez, 1998.

CUNHA, Luiz Antônio. *Educação, Estado e democracia no Brasil.* 3. ed. São Paulo: Cortez, 1999.

GADOTTI, Moacir. *Escola cidadã.* 6. ed. São Paulo: Cortez, 2000 (Coleção questões da nossa época; v. 24).

GARFINKEL, Harold. *Studies in Ethnomethodology.* Englewood Cliffs, NJ: Prentice Hall, 1967. 2. ed., Cambridge (GB): Polity Press, 1984. 288 p.

MATTOS, Lúcia Alves Farias (Coord.). *Gestão colegiada e qualidade de escola.* Belo Horizonte: UEMG, 1996a. Doc. I: Estudos Preliminares.

MATTOS, Lúcia Alves Farias (Coord.).*Gestão colegiada e qualidade de escola.* Belo Horizonte: UEMG, 1996b. Doc. II: Reconstrução histórica da gestão colegiada em Minas Gerais.

MATTOS, Lúcia Alves Farias (Coord.). *Gestão colegiada e qualidade de escola.* Belo Horizonte: UEMG, 1996c. Doc. III: A gênese dos colegiados de escola.

MINAS GERAIS. Secretaria de Estado da Educação. Educação para a Mudança. Documento básico de proposta de trabalho. Versão Preliminar. Março/83. In: Informativo MAI de Ensino do Estado de Minas Gerais. Belo Horizonte: Lâncer, n. 94, p. 87-104, out. 1983.

MINAS GERAIS. 1999. Relatório do Grupo de Trabalho para a realização de estudos e definição de princípios norteadores da Gestão Democrática da Escola na

Rede Pública do Estado de Minas Gerais. Belo Horizonte: SEE-MG, 19 de abril de 1999, mimeo.

MINAS GERAIS. Resolução n. 147, de 17 de outubro de 2000. Dispõe sobre a constituição e o funcionamento do Colegiado nas escolas estaduais de Minas Gerais – SEE, Belo Horizonte, 2000.

PARENTE, Marta Maria de A.; LÜCK, Heloísa. Mapeamento de estruturas de gestão colegiada em escolas dos sistemas estaduais de ensino. In: *Em Aberto*, Brasília, v. 17, n. 72, p. 156-162, fev./jun. 2000.

RODRIGUES, Neidson. *Da mistificação da escola à escola necessária*. 9. ed. São Paulo: Cortez, 2000 (Coleção Questões da Nossa época; v. 54).

TOURAINE, Alain. *O que é democracia?* 2. ed. Petrópolis: Vozes, 1986.

VELOSO, Valdir de Pinho. *Constituição do Estado de Minas Gerais*, atualizada até a Emenda Constitucional 51, de 29 de outubro 2001. Belo Horizonte: Inédita, 2001.

CIDADANIA E DIREITOS HUMANOS

Carlos Roberto Jamil Cury

Este ensaio deveria constituir-se em uma reflexão direta sobre a cidadania, a educação e o sistema penitenciário. Entretanto, em que pese a importância desse dever de Estado para com a reinserção moral do apenado na sociedade, entendeu-se ser também pertinente vincular a figura do presidiário aos direitos humanos. À luz desses, será possível construir uma assistência educacional nos presídios que tomem os presos condenados como pessoas humanas e, nessa medida cosmopolita, deixem de ser uma espécie de apátridas ou de cidadãos de segunda classe.

A idéia de cidadania, da qual somos herdeiros, remonta à herança da Grécia Clássica e, em especial, do pensamento de Aristóteles. Esse assinala a *polis* como a comunidade de pessoas, livres e iguais, politicamente organizadas, capazes de decidir na *agora* os destinos da comunidade.

Aristóteles, no livro III da Política, pergunta-se *o que é um cidadão*. Ao buscar tal definição, ele logo registra que "é possível, com efeito, que aquele que seja cidadão numa democracia, não o seja numa oligarquia" (1969, p. 99). Também ele deixa claro, metodologicamente, quem são *aqueles a quem se concedeu o direito de cidadania*. Diz ele que

> o cidadão não é cidadão pelo fato de se ter estabelecido em algum lugar – pois os estrangeiros e os escravos também são estabelecidos. Nem é cidadão por se poder, juridicamente, levar e ser levado ante os mesmos tribunais. Pois isso é o que acontece aos que se servem de selos para as relações de comércio. Em vários pontos, mesmo os estrangeiros estabelecidos não gozam completamente deste privilégio, mas é preciso que tenham um fiador e, sob este aspecto, eles só são membros da comunidade imperfeitamente. (ARISTÓTELES 1969, p. 100)

Essa "cidadania imperfeita" abrange as crianças e os velhos e se aplica aos infames e aos condenados ao exílio. E, na busca de uma *definição absoluta*, Aristóteles define: "Cidadão é o que pode ser juiz e magistrado".

Por serem capazes de decisões maiores desses destinos, tais pessoas (cidadãos) são a fonte da soberania política. Essas pessoas são cidadãs porque, mesmo não sendo naquele momento juízes ou magistrados, podem sê-lo dada a rotatividade de funções. Numa palavra, são decisores porque detentores da participação política.

O conceito de cidadania, pois, desde a época clássica, torna-se uma doutrina. Segundo Bovero,

> [...] ser cidadão significa – ou seja consiste em, coincide com – ser titular de um poder público não limitado, permanente (aoristos arché, distinta da arché, isto é, do poder, de quem ocupa um cargo político temporário): cidadão é aquele que participa de modo estável do poder de decisão coletiva, do poder político, ou seja, a participação no poder político é conotativo essencial da cidadania. (BOVERO, 2002, p. 120)

Assinaladas as diferenças, tais como nos apresenta o clássico texto de Benjamin Constant, "De la liberté des anciens comparée a celle des modernes", esse conceito renasce na modernidade, no curso das revoluções inglesa, francesa e norte-americana, precedidas da afirmação dos direitos civis. Retomando o pensamento de Benjamin Constant, Carvalho (1989, p. 265) diz que a liberdade dos antigos

> [...] era a liberdade de participar coletivamente do governo, da soberania, era a liberdade de decidir na praça pública os negócios da República: era a liberdade do homem público. Em contraste, a liberdade dos modernos, a que convinha aos novos tempos, era a liberdade do homem privado, a liberdade dos direitos de ir e vir, de propriedade, de opinião, de religião.

Seja na Cidade Grega, seja nessas revoluções, o cidadão é o que substitui os elos da submissão hierárquica entre *superiores e inferiores* pelos laços da amizade (*philia*) entre os semelhantes entre si (*hómoioi*) e iguais (*isói*) na dignidade. Como nos afirma Bobbio (1992, p. 61),

> a inflexão a que me referi, e que serve como fundamento para o reconhecimento dos direitos do homem, ocorre quando esse reconhecimento se amplia da esfera das relações econômicas interpessoais para as relações de poder entre príncipe e súditos, quando nascem os chamados direitos públicos subjetivos, que caracterizam o Estado de direito. É com o nascimento do Estado de Direito que ocorre a passagem final do ponto de vista do príncipe para o ponto de vista dos cidadãos. No estado

despótico, os indivíduos singulares só têm deveres e não direitos. No Estado absoluto, os indivíduos possuem, em relação ao soberano, direitos privados. No Estado de direito, o indivíduo tem, em face do Estado, não só direitos privados, mas também direitos públicos. O Estado de direito é o Estado dos cidadãos.

Numa sociedade assim, o governo dos homens se submete ao regime das leis, fazendo preponderar as determinações legais sobre os desígnios do indivíduo eventualmente ocupando cargo de poder. É em torno desse conceito que a nossa Constituição Federal de 1988 vai consagrar os direitos civis e políticos como próprios da cidadania e revogar grande parte de obstáculos pretéritos para essa participação.

A nossa Constituição faz uma escolha por um regime normativo e político, representativo, plural e descentralizado. E, junto com a representação popular, abre espaço para novos mecanismos de participação nos quais um modelo institucional cooperativo amplia o número de sujeitos políticos capazes de tomar decisões. Ela avança no sentido de instrumentos de participação direta da população na constituição do ordenamento jurídico.

Trata-se da noção de Estado Democrático de Direito tal como expresso em nossa Constituição no seu Preâmbulo, no art. 1º e sobretudo no seu § único. Conseqüente a isso, ela vai avançar no sentido de instrumentos de participação direta da população na constituição do ordenamento jurídico. Veja-se, por exemplo, o artigo 14 da Constituição que, decorrente do art. 1º dessa Carta Magna, reconhece o referendo, o plebiscito e a iniciativa popular como formas alternativas e complementares do processo democrático representativo.

Mas a Grécia clássica foi além do conceito. Ela procurou assinalar quem era esse cidadão. O cidadão pleno era o homem livre que, pela sua filiação, fratria ou demo, se situasse em Atenas. Nesse sentido, a *agora* era fechada para o estrangeiro e interditada para o escravo. Diz-nos Aristóteles:

> O que há de certo é que a cidade modelo não deverá jamais admitir o artesão no número dos seus cidadãos. Se não o admitir, então será possível dizer que a virtude política de que falamos não pertence a todo o cidadão, mas somente ao homem livre – e sim dir-se-á que ela pertence a todos aqueles que não têm necessidade de trabalhar para viver. Ora, aqueles que são obrigados a trabalhar para o serviço de uma pessoa são escravos, e os que trabalham para o público são artesãos e mercenários. (1969, p. 100-101)

Abaixo dos cidadãos de primeira grandeza vinham os "cidadãos imperfeitos" obedientes ao poder e sem a prerrogativa da participação. Eram livres, mas não eram nem escravos nem estrangeiros. Exemplo de tais cidadãos incompletos são os "metecos" e os imigrantes.

Em Roma, o cidadão era o sujeito de direitos tal como definido pela norma jurídica. Como diz Bovero: "[...] no âmbito da comunidade romana os direitos em geral cabiam apenas ao gentil: *gentilis, patricius e civis* eram três aspectos de uma única figura" (2002, p. 123).

Contudo, desde 212 d.C., com Édito de Caracala, houve progressivas extensões da cidadania romana à maior parte dos sujeitos livres do Império. Só que essa cidadania, objeto de aquisição formal, era também sujeita à perda parcial ou integralmente. Continua Bovero: "A perda dos direitos, como é sabido, era denominada capitis diminutio, e nela se distinguiam três formas ou graus. O grau máximo coincidia com a redução à escravidão de um homem livre, por exemplo, em seguida a uma condenação penal" (2002, p. 123).

A perda máxima, integral, era semelhante à morte, morte civil, já que o sujeito perdia toda a personalidade jurídica.[1] A perda intermediária, outra forma de *capitis diminutio*, era aquela pela qual o indivíduo perdia a cidadania, mas não a liberdade.[2] Estabelece-se, pois, uma distinção entre o estatuto da cidadania e o da liberdade. Nesta última, o indivíduo não usufruia de direitos próprios à integração na comunidade política. Era como se tal pessoa fosse um peregrino, um estrangeiro em Roma, isto é, uma pessoa pertencente a outra *civitas*.

Logo, alguma *civitas* o indivíduo deve possuir ainda que não seja em Roma, exceto o dito *escravo por natureza*. Como diz Bovero, "vale, portanto, para os romanos...aquilo que sustentava Aristóteles: um homem sem cidade, sem cidadania, não é propriamente um homem, mas

---

[1] O preso é a pessoa privada de sua liberdade individual, perdendo-se, no caso, a faculdade de locomover-se segundo sua vontade. Já o presidiário é a pessoa que foi condenada e cumpre sua condenação como detento ou recluso em um presídio. O art. 5º. de nossa Constituição estabelece no inciso XLVI que a lei regulará a individualização da pena e adotará, entre outras, as seguintes: a) privação ou restrição da liberdade; e) suspensão ou interdição de direitos. Em todo o caso, diz o inciso XLIX: é assegurado aos presos o respeito à integridade física e moral e no inciso LXIII: o preso será informado dos seus direitos. Mas o artigo 15 impõe, no inciso III, a perda ou suspensão dos direitos políticos no caso de condenação criminal transitada em julgado, enquanto durarem seus efeitos. O artigo 38 do Código Penal assevera que o preso conserva todos os direitos não atingidos pela perda da liberdade

[2] O § 4º. do art. 12 da Constituição dispõe sobre a perda da nacionalidade do brasileiro.

um deus ou um animal, ou uma 'coisa animada' tal como é o escravo" (2002, p. 124).

Ao estrangeiro livre fica interdito o gozo dos direitos políticos, o que aponta para uma limitação da cidadania plena. O estrangeiro livre gozava da *libertas* desde que fosse *civis* em alguma outra *civitas*, mas não usufruía do sufrágio. Mas, ao estrangeiro livre, não foram interditados direitos próprios da vida privada, como a liberdade de locomoção, a propriedade, o comércio e o casamento. Por aí vê-se, – o que na modernidade ficará mais claro –, a linha divisória entre o público e o privado no que tange à cidadania. Por outro lado, diz Bovero (2002, p. 125):

> [...] um estrangeiro sem pátria reconhecida por Roma podia legitimamente ser reduzido à escravidão por um *civis romanus*. Mais uma vez, reencontramos o eco de célebres teses aristotélicas: para os escravos não há polis, ou seja, cidadão pode ser apenas o homem livre; e invertendo os termos, homem livre pode ser apenas o cidadão, integrado em alguma *civitas*, "pertencente" a um comunidade.

E os qualificados como "escravos" por natureza são, em si mesmos, desiguais e destinados a tarefas brutas ou trabalhosas no âmbito da economia doméstica. Não são livres, são servos de um senhor.[3]

A grande novidade trazida pela modernidade será o reconhecimento do ser humano como portador de determinados inalienáveis: os direitos do homem. A vida e a liberdade são conaturais ao ser humano e, nesse sentido, todos nascem iguais e o são como tais. E nada há que preceda, em termos de hierarquia, a esses valores naturais: nem nascença, nem sangue, nem cor, nem religião, nem sexo, nem etnia ou outra diferença.

A modernidade acaba por se marcar pela idéia de direitos universais do homem e cuja essência igualitária na vida e na liberdade deve ser reconhecida pelo direito positivo. Dessa forma, o jusnaturalismo faz preceder esses direitos do indivíduo *ut singulus* a qualquer tipo ou

---

[3] Já em 1550, em Valladolid, com a "descoberta" dos índios e com a possibilidade de eles virem (ou não) a se tornarem cristãos, a Igreja católica afirma o pressuposto para a assunção do cristianismo: os índios detêm a plenitude da humanidade. A proclamação de Valladolid não atingiu os negros escravizados, e o cristianismo, religião dos filhos do mesmo Pai, teria que justificar essa barbárie! As justificativas, apesar de improcedência total, iam desde as pessoas que, por natureza, deviam encarregar-se dos trabalhos duros, tendo que ocupar seu "lugar natural", até a teoria do "mal necessário", a fim de se "libertarem" da "barbárie", passando pelo direito de propriedade do senhor sobre o escravo visto como naturalmente desigual (Cf. SYMONIDES, 2003).

modalidade de pertença a caracteres diferenciais e condiciona tais caracteres, inclusive os relativos à anterioridade do indivíduo pertencente a uma comunidade política.

A forma mais acabada dessa consciência, no interior da Revolução Francesa, é a Declaração de 1789: "Os homens nascem e permanecem livres e iguais em seus direitos". Essa mesma declaração afirma que a finalidade de toda e qualquer associação política é a de assegurar esses direitos naturais e inalienáveis. Ou em outros termos: os direitos do homem precedem e condicionam os direitos do cidadão.

Kant, no século XVIII, assinala que o uso da razão só se desenvolve plenamente na espécie, e não nos indivíduos. Segundo ele, é na espécie humana, mediada pelos indivíduos em espaços nacionais (de preferência republicanos), que a razão conquanto apanágio da hominidade se desenvolve. E a hominidade, em sua plenitude, só se converte na humanidade quando a busca da "paz perpétua" se realiza, de vez que os direitos da espécie no indivíduo foram consagrados e respeitados.

Augusto Comte, por sua vez, dirá que a hominidade só chegará à humanidade, no estado positivo, quando acabarem as guerras. Segundo ele, o critério para se medir o grau de humanidade presente nas nações é inversamente proporcional ao quanto de investimento se faz em prol da guerra.

É por isso que a Organização das Nações Unidas (ONU), organismo de vocação internacional, em 10/12/1948, proclama a Declaração Universal dos Direitos Humanos como expressão do reconhecimento da dignidade inerente a todos os membros da família humana e de seus direitos iguais e inalienáveis. Ou, como já afirmava Hegel, no século XIX:

> É parte da educação do pensamento como consciência da singularidade, na forma da universalidade, que o Eu começa a ser apreendido como uma pessoa universal no qual tudo é idêntico. Um homem vale como homem em virtude de sua humanidade, não porque é judeu, católico, protestante, alemão, italiano etc. Essa é uma assertiva que o pensamento ratifica e ser consciente disso tem uma importância infinita. Isso só é deletério quando isso é cristalizado, por exemplo como um cosmopolitismo em oposição à vida concreta do Estado. (Tradução livre do autor)

Nesse sentido, para *não se cristalizar* em figuras abstratas e sem efetividade, esse cosmopolitismo dos direitos humanos deve começar a ser respeitado no âmbito tradicional dos Estados Nacionais, deles não podendo eximir-se. Só em um planeta mundializado onde se possa realizar da essência da humanidade, pondo-se ênfase no que é comum à espécie humana, é que a superioridade axiológica da humanidade vista *ut genus* sobrepor-se-á uma visada dos países vistos como nações particulares.

Se a chegada à espécie humana ainda é um horizonte, é ainda dentro dos espaços nacionais, espectro privilegiado da cidadania, que se constroem políticas em vista de uma democratização de bens fundamentais para a vida coletiva.[4] Cidadania e nação são construções históricas, mas não são objetos de uma relação imanente e ontológica.

Avançar no conceito de cidadania supõe a generalização e a universalização dos direitos humanos, cujo lastro transcenda o liame tradicional e histórico entre cidadania e nação, tal como desenvolvido, por exemplo, em Marshall (1967) para a Inglaterra e em Carvalho (2002) no Brasil.

De um lado, esse conceito universal deve constituir-se no horizonte mais amplo de convivência entre as pessoas humanas dos diferentes povos do mundo, porque não é por uma pertença específica como cidadão – por exemplo pertença nacional ou outra – que o ente humano é sujeito de direitos fundamentais. Esse conceito continua sendo o patamar mais fundo pelo qual se combatem todas as formas e modalidades de discriminação, inclusive de pertença étnica e, por ele, pode-se, então, assegurar o direito à diferença.

Apesar de a maior parte das Constituições dos Estados Modernos reconhecerem tais direitos como direitos do homem, apesar de as Declarações da ONU reiterarem esse ponto de vista, ainda há situações que claramente se configuram como antíteses desse cosmopolitismo, sobretudo quando os movimentos de migração se intensificam por todo o mundo.

Cumpre concordar com a distinção feita por Bovero: "[...] se os direitos do homem (da pessoa) são propriamente universais, ou seja, cabem a qualquer um como pessoa, os direitos do cidadão são necessariamente particulares, ao menos enquanto não seja instituída uma cidadania universal, cosmopolita" (2002, p. 130).

O sujeito conquanto pessoa humana carrega consigo a liberdade pessoal, de pensamento por ser assim, e não apenas por ser cidadão

---

[4] Entre esses bens, está a educação escolar considerada no Brasil, ao menos em sua etapa fundamental, o incentivo para que a luz da razão, presente em todo o ser humano, desenvolva-se e o indivíduo possa, por seus méritos, avançar na vida social. Esse direito abrange os presidiários em seu retorno à convivência em sociedade (Código Penal: artigo 10), o que exige a assistência educacional (inciso IV). Os artigos 17 a 21 do Código Penal tratam dessa assistência educacional aí compreendidos o ensino fundamental obrigatório e a formação profissional.

nacional. Em caso contrário, um "estrangeiro" seria, desde logo, sujeito à qualquer arbitrariedade do Estado Nacional em que ele está. Contudo, continua o mesmo autor: "Também segundo a teoria moderna dos direitos fundamentais, os direitos políticos cabem aos "membros" de cada civitas, de cada comunidade política concreta, não são atribuíveis às pessoas como tais. Portanto, os direitos do cidadão não são direitos do homem" (p. 130).

Mas – questiona o autor –, se as pessoas estão submetidas a decisões políticas gerais de uma determinada comunidade política, por que excluí-las da participação política e jurídica pelas quais as mesmas decisões políticas são tomadas?

Se os apenados se constituem em um grupo específico, provisoriamente fora do gozo da liberdade civil, isso não deve constituir-se em motivo para aprofundá-los nessa condição. Para efeito de sua reinserção social é preciso vê-los como pessoas cuja dignidade humana os torna tão sujeitos do direito da educação quanto os cidadãos no gozo de sua liberdade. Esse é o modo privilegiado de fazer com que alguém privado de sua liberdade volte a fruir a plenitude de sua cidadania em nome dela própria e dos direitos humanos que a fundamentam.

Referências

ARISTÓTELES. *A política*. Rio de Janeiro: Edições de Ouro, 1969.

BOBBIO, Norberto. *A era dos direitos*. Rio de Janeiro: Campus, 1992.

BOVERO, Michelangelo. *Contra o governo dos piores: uma gramática da democracia*. Rio de Janeiro: Campus, 2002.

CONSTANT, Benjamin. *De la liberté chez les modernes*. Paris: Livre de Poche, 1980.

CARVALHO, José Murilo de. Entre a liberdade dos antigos e a dos modernos: a república no Brasil. *Dados*, Revista de Ciências Sociais, Rio de Janeiro, v. 32, n. 3, p. 265-280, 1989.

CARVALHO, José Murilo de. *Cidadania no Brasil: o longo caminho*. Rio de Janeiro: Civilização Brasileira, 2002.

HEGEL, Georg W. Friedrich. The philosophy of right. In: HUTCHINS, Roberto Maynard (Editor). *Encyclopaedia Britannica*, Great Books of the Western World, v. 46, 1971.

KANT, Emanuel. *A paz perpétua*. Rio de Janeiro: Brasílica, 1939.

MARSHALL, T. H. *Cidadania, classe social e status*. Rio de Janeiro: Zahar, 1967.

SYMONIDES, Janusz. (Org.). *Direitos humanos: novas dimensões e desafios*. Brasília: Unesco, 2003.

A CONTRIBUIÇÃO DO ENSINO RELIGIOSO ESCOLAR À FORMAÇÃO ÉTICA E CIDADÃ

Douglas Cabral Dantas

Desde o início do século XX, o Ensino Religioso foi alvo de inúmeras polêmicas no meio educacional do País. Passando por diferentes etapas de discussão acerca da sua identidade, essa disciplina recebeu um tratamento que lhe imprimiu profundas marcas provenientes, ora do contexto socioeconômico político-cultural, ora das ideologias mantenedoras do sistema educacional vigente, ou de concepções filosóficas e teológicas sustentadas por diferentes Igrejas, como um dos setores mais interessados nesta questão. O itinerário do Ensino Religioso na escola pública brasileira deixou-nos, então, como herança uma compreensão pouco unânime acerca dos seus objetivos, o que pode ser atestado pela diversidade de princípios e concepções em torno de projetos político-pedagógicos, metodologias e formação de seus professores.

Por isso mesmo, persistem indefinições "históricas" no texto da lei, como o caráter facultativo da disciplina apesar do reconhecimento de sua importante contribuição na formação integral do cidadão. Essas indefinições dão margem a interpretações ambíguas quanto a sua identidade e ao seu papel específico na grade curricular, e, em alguns casos, até mesmo tratamento diferenciado e discriminatório para com a disciplina e seus professores, por parte de educadores de outras disciplinas, administradores escolares e legisladores.

Apesar disso, as orientações introduzidas pela LDB a respeito do Ensino Religioso e as mobilizações no que concerne às instituições de ensino e às entidades representativas dos interesses de educadores da área e Igrejas, de norte a sul do País, têm oferecido respaldo à consolidação da disciplina no currículo da escola pública, como também ampliado as oportunidades de formação e discussão em torno de temas afins.

Este artigo tem como objetivo favorecer a revisão de pressupostos que estão na base de diferentes modelos teóricos do Ensino Religioso escolar, como também de suas opções pedagógicas, e apontar algumas reflexões que contribuam para a adoção de um modelo mais inclusivo e democrático, concernente com a natureza mesma da escola pública, e para a formação ética e cidadã de crianças e de jovens.

O universo analisado é o da escola pública estadual da Região Metropolitana de Belo Horizonte, MG, que foi também objeto de pesquisa da dissertação de mestrado do autor (DANTAS, 2002). Nesse contexto, ainda encontramos modelos tradicionais, consagrados por sua identificação ou aproximação com a catequese cristã, mas há também outros, defendidos por educadores e especialistas da área e cuja novidade quanto ao paradigma epistemológico já é implementada em muitas escolas.

Modelos teóricos de ensino religioso escolar

Os modelos de Ensino Religioso diferem entre si, principalmente, por seus pressupostos teóricos – de ordem filosófica, antropológica e teológica sobretudo – defendidos por educadores, especialistas da área, autoridades religiosas e até legisladores, o que acirra o debate acerca do papel da educação hoje, da contribuição específica da disciplina e do perfil de seu professor.

Com base na pesquisa documental e na minha experiência de docência na área de Ensino Religioso, foi possível discriminar diferentes modelos teóricos de compreensão do objeto desta disciplina, a saber:

Modelo confessional

Mais comum em escolas confessionais cristãs, caracteriza-se pelo ensino de conteúdos doutrinários aos seus alunos, com a alegação de que, uma vez matriculados, estão sujeitos à confessionalidade da instituição. Há educadores e religiosos identificados com esse modelo que defendem também que haja diferentes turmas de Ensino Religioso segundo as diferentes confissões religiosas dos alunos. O grande limite desse modelo é sua semelhança com a catequese cristã, podendo ser assumido mais facilmente sem ônus para o Estado (GRUEN, 1995). Discorrendo a respeito do debate atual em torno da situação do Ensino Religioso no Brasil, Figueiredo constata:

> A prática da confessionalidade é adotada em poucos Estados... Como justificativas, os defensores desta modalidade se

posicionam diante dos riscos que a prática ecumênica mal conduzida poderia ocasionar em relação ao proselitismo. Acreditam que a confessionalidade é uma forma de assegurar os princípios da liberdade religiosa do cidadão. Concebem a escola como lugar oportuno para a complementaridade da catequese ou como uma preparação para esta... Encontram, assim, maior facilidade em superar os desafios relacionados com a seleção e formação de professores e das exigências do universo familiar. Em Estados ou regiões que optaram pela confessionalidade na escola, constatamos outras dificuldades que prejudicam a professores e alunos como: o remanejamento de turmas, a insegurança do professor, o descaso dos próprios alunos para com esse conteúdo, a insatisfação de muitos setores da sociedade, que se esforçam por ver efetivada uma educação coerente com os princípios que regem os direitos do cidadão, em período escolar. (FIGUEIREDO, 1995, p. 13-14)

O Ensino Religioso ministrado de forma confessional é um modelo que não está mais formalmente presente na legislação da escola pública estadual de Minas Gerais, embora o discurso e a prática de muitos professores o denunciem. É, sobretudo na linguagem corrente, no currículo adotado e na metodologia e recursos didáticos utilizados por esses professores que é possível identificar esse modelo, por exemplo, a prevalência do uso de títulos de fé, dogmas, temas e textos sagrados próprios de determinadas confissões religiosas.

Modelo ecumênico ou irênico

(do grego "eirene", que significa "paz")

O Ensino Religioso acontece numa condição tal que atende às confissões cristãs, sobretudo àquelas que estão engajadas no Movimento Ecumênico, o qual busca reconstruir a unidade entre os cristãos valendo-se do diálogo e do engajamento comuns, enfatizando mais as semelhanças que as suas diferenças (FIGUEIREDO, 1995). A sua grande limitação é justamente a sua ênfase especificamente cristã, que privilegia essa matriz confessional porque se fundamenta numa teologia que a considera caminho privilegiado de relação da pessoa com o Transcendente, e modelo para os demais credos.

Em Minas Gerais, a Secretaria de Estado da Educação iniciou em 1994 a implementação de um novo projeto pedagógico, que pediu a revisão e a atualização dos currículos das disciplinas, e estabeleceu diretrizes próprias para o Ensino Religioso, mediante um processo de participação de todos os segmentos interessados na sua organização e efetivação como elemento normal do sistema. A proposta curricular elaborada incluiu os conteúdos básicos de Ensino Religioso na perspectiva de sua integração com os demais conteúdos. As "Considerações sobre a finalidade do Ensino Religioso" definidas pela Secretaria do Estado de Educação (MINAS GERAIS, 1997) incluem referenciais teóricos que são um consenso entre educadores e especialistas da área, em aspectos como: revisão e amadurecimento do projeto de vida pessoal do aluno; desenvolvimento da sua religiosidade; reconhecimento e valorização do pluralismo filosófico e religioso; e incentivo à participação efetiva na construção da sociedade, através da reflexão ética e prática cidadã.

No entanto, reforçam o modelo de Ensino Religioso ecumênico, já bastante difundido no Estado, e que "guarda" as lembranças da hegemonia católica, referencial para as demais tradições religiosas e crenças particulares. A própria Secretaria de Educação deixa clara essa prevalência ao corroborar "a busca da identidade do Ensino Religioso numa perspectiva cristã". Se tal é a compreensão da Secretaria de Estado da Educação, então não é estranho que o próprio texto da lei tenha reservado o caráter de "matrícula facultativa" para a disciplina, apesar de reconhecer a sua "grande contribuição à formação integral do educando".

Essa opção encontra tanto consenso, quanto restrições entre teóricos da área. Para Gardino, doutora em Psicolingüística e teóloga da Igreja Batista, manter atualizada a mensagem do "Mestre Jesus" seria o propósito do Ensino Religioso:

> O Ensino Religioso, como disciplina de matrícula facultativa, tem – entre outras – a responsabilidade de catalisar para as salas da escola fundamental as crianças e adolescentes que serão cidadãos responsáveis pelo destino de nosso país. O professor de Ensino Religioso deve repensar o que significam dois mil anos de Cristianismo diante das notícias – a realidade do educando – que invadem as casas e as escolas numa prova incontestável de que as lições do Mestre se perderam ao longo do tempo e das diversas nomenclaturas em que se dividiu a igreja primitiva. O ecumenismo chega num momento adequado para a recuperação de valores esquecidos e até desacreditados pela sociedade brasileira: respeito,

obediência, benevolência, honestidade, sobriedade, verdade e gratidão. É urgente que o professor de Ensino Religioso trabalhe esses valores com a seriedade e com a profundidade com que merecem ser tratados – é a volta necessária e bem-vinda do ensino da Ética, que até 1970 fazia parte dos currículos de Filosofia, ministrada nos antigos cursos Clássico, Científico e Normal. (GARDINO, 1999, p. 43-44)

Já para Zimmermann, padre católico e deputado pelo Partido dos Trabalhadores do Paraná, o enfoque proposto para o Ensino Religioso diz respeito à dimensão da religiosidade do aluno, ou seja, da elaboração de um sentido para a sua existência:

> (O Ensino Religioso) [...] tem como objeto a compreensão da busca do transcendente e do sentido da vida, que dão critérios e segurança ao exercício responsável de valores universais, base da cidadania. Esse processo antecede qualquer opção por uma religião. Não se trata apenas de questão de transmissão de meras normas de conduta. Trata-se de proporcionar, na educação escolar, oportunidade para que o educando descubra o sentido mais profundo da existência; encontre caminhos e objetivos adequados para sua realização, e valores que lhe norteiem o sentido pleno da própria vida. Assim, conferindo-lhe especial dignidade como ser humano e respeito por si mesmo, pelos outros e pela natureza. (ZIMMERMANN, 1997, p. 54-55)

A respeito desse modelo, muito comum entre os nossos educadores, contrapõe-se também Steil, defendendo um projeto de Ensino Religioso numa perspectiva pluralista:

> Quando analisamos os currículos de Ensino Religioso das escolas públicas podemos constatar que as religiões dominantes na sociedade acabam impondo suas concepções. Do mesmo modo, quando se observa a prática cotidiana da escola pública percebemos que nem todos os grupos religiosos podem expressar, da mesma forma, o que sentem e pensam. Inserida numa tradição científica de caráter racionalista, a tendência da escola é de homogeneizar a diversidade religiosa dentro de uma única 'religião humana purificada' que se colocaria acima das religiões e grupos religiosos concretos. Partindo da premissa de que há um só Deus, igual para todos, procura-se reduzir as diferenças a um denominador comum. Este denominador, no entanto, geralmente se apresenta

como o "deus" cristão das religiões dominantes e mais racionalizadas. Para que se implante uma educação religiosa pluralista é preciso que a escola se compreenda como um projeto aberto, promotor de uma cultura de diálogo e comunicação entre os grupos sociais e religiosos que se apresentam no seu cotidiano. O pluralismo é real quando existe a possibilidade efetiva de manifestação da variedade das crenças e concepções religiosas sem restrições impostas por preconceitos e proselitismos. O Ensino Religioso tem um compromisso com a mudança de atitude e mentalidade de professores, administradores e alunos numa perspectiva de acolhida da diversidade religiosa que aparece no espaço escolar. (STEIL, 1996, p. 50-52)

Modelo interconfessional

O Ensino Religioso é ministrado de tal forma que se torna compatível com todas as confissões religiosas, sem levar a doutrinações nem exclusividades. Sem estar limitado aos cristãos, é capaz de atender a todos os grupos religiosos (FIGUEIREDO, 1995; FONAPER, 1998). Seu limite é basicamente pressupor a opção prévia dos educandos por uma religião ou comunidade religiosa, o que nem sempre acontece, diante das tendências do pluralismo religioso atual. Segundo Ari Pedro Oro, a primeira dessas características é o trânsito religioso, que consiste na "freqüência simultânea a distintas religiões"; a segunda, é a privatização do sagrado, que consiste "[...] no fato de que cada indivíduo tende a moldar a sua própria religião apropriando-se de fragmentos e de elementos provenientes de diversos e diferentes sistemas religiosos"; e a terceira, a ampliação e o deslocamento do sagrado, em que "o sentido religioso é atribuído também à ciência, à arte, ao esporte, à mercadoria, às associações não-governamentais", instâncias essas que, embora não remetam diretamente a potências ou a seres sobrenaturais, podem preencher alguns significados da religião, "como sua força coercitiva e sua capacidade integradora, identitária e produtora de sentido, menos permanente e mais transitório, para seus freqüentadores" (ORO, 1997, p. 52-53).

Identifica-se com esse modelo a proposta do Fórum Nacional Permanente do Ensino Religioso (Fonaper),[1] responsável pelos Parâmetros

---

[1] Em setembro de 1995, representantes de entidades e organismos envolvidos com o Ensino Religioso no Brasil instalaram, em Florianópolis (SC), o Fórum Nacional Permanente do Ensino Religioso (Fonaper), com o propósito de se tornar um espaço

Nacionais do Ensino Religioso, para o qual o Transcendente é um dado inequívoco, e o aluno tem o direito de ser educado para encontrá-lo. De conformidade com esse modelo estão os pareceres de Bittencourt Filho, quando discorre sobre Ensino Religioso e espiritualidade matricial...

> [...] o cristianismo, a teologia e os estudos religiosos encontram-se desafiados a levar a sério a irreversibilidade do pluralismo religioso. O Ensino Religioso nas escolas (ERE) não poderia passar incólume em meio a essa nova situação. Nesta altura, a bem da verdade, faz-se necessário repisar que o ERE preocupa-se, acima de tudo, com a formação integral do educando, no contexto do sistema escolar; tendo como objetivo educar a bagagem religiosa que o aluno traz consigo e que vai assimilando ao longo da vida. (BITTENCOURT FILHO, 1996, p. 37)

... e de Catão, quando aborda a conceituação de Deus segundo as categorias de pai e mãe:

> [...] Mais do que qualquer disciplina, o Ensino Religioso atravessa todas as áreas do saber e do viver, como a linguagem, por exemplo, pois diz respeito à experiência fundamental que o educando é chamado a fazer em todos os momentos e circunstâncias do seu dia-a-dia... O educador religioso deverá, pois, além de despertar para a experiência da transcendência, comunicar ao educando os elementos fornecidos pela sua tradição religiosa, indispensáveis para que elabore e vá aperfeiçoando a imagem que faz de Deus. (CATÃO, 1999, p. 14)

Os pressupostos defendidos pelo Fórum Nacional Permanente de Ensino Religioso (Fonaper) para a identidade dessa disciplina são abrangentes e importantes do ponto de vista de uma educação que se pretende integral, contribuindo para a elaboração do projeto de vida pessoal do aluno, o que inclui desde o respeito pela diversidade de crenças existentes no Brasil até a sua participação cidadã no meio social.

No entanto, o seu objeto – o Transcendente – pressupõe o dado da fé. Seu ponto de partida apresenta como indiscutível a existência de um Transcendente, o que identifica essa proposta dos Parâmetros Curriculares Nacionais do Ensino Religioso com o modelo interconfessional já

---

pedagógico, centrado no atendimento ao direito do educando de ter garantida a educação de sua busca do Transcendente; e um espaço aberto para refletir e propor encaminhamentos pertinentes ao Ensino Religioso, sem discriminação de qualquer natureza.

descrito. Ora, tal proposta conflita com filosofias de vida e tradições religiosas que não têm um Deus, um Sagrado transcendente como o seu horizonte último; como também com tradições que não têm uma teologia elaborada que defina uma identidade para este Divino, ou seja, Deus não é um dado evidente, uma realidade indiscutível, mas um conceito equívoco. Além disso, a complexidade do fenômeno religioso tem revelado formas de religiosidade cada vez menos institucionalizadas e mais individualizadas. Segundo Oro, as modernas formas de crer assumem as seguintes características:

> Fragmentação, diversificação, recomposição, são alguns termos que traduzem a atual situação religiosa, nacional e mundial, embora o pluralismo religioso não seja novo. Isto não significa que se crê mais (ou menos) hoje do que outrora – mesmo porque não há um instrumento capaz de medir a crença – mas que o campo religioso se transformou, no contexto da modernidade. De fato, a modernidade desencadeou uma multiplicidade de sistemas religiosos, uma superoferta de bens e serviços simbólicos. Seria este um movimento de contestação de uma sociedade em crise de valores? Um fenômeno resultante de falhas e de fracassos da modernidade que não resolveu os problemas básicos da vida dos cidadãos e, principalmente, não lhes apresentou um sentido profundo para suas vidas no mundo...? Um testemunho de um mal-estar agudo que nossas categorias de pensamento não permitem decriptar e decodificar? Evidentemente, não é questão de se interpretar a incidência da religião na modernidade a partir de insuficiências ou desregulamentos da razão ou como uma expressão sublimada, travestida, de um movimento social, mas, antes, como um poderoso recurso de que parcelas da sociedade lançam mão para preencher as lacunas de sentido que a modernidade mostra-se incapaz de fazê-lo. (ORO, 1997, p. 52-53)

Este pressuposto – o Transcendente como um dado prévio – precisaria ser relativizado, a meu ver, uma vez que desconsidera as demandas e as características do cenário socioreligioso dessas últimas décadas, o qual se ampliou para além dos códigos, símbolos e discursos institucionais, embora esses continuem ainda tendo grande procura e influência na sociedade. Com esse mesmo ponto de vista concorda Bittencourt Filho, quando trata da incorporação da matriz religiosa no contexto escolar:

> [...] ao Ensino Religioso Escolar caberia, entre outras tarefas, elucidar os educandos quanto às causas e conseqüências das

práticas, condutas e mentalidade religiosas matriciais, tão presentes na cultura brasileira. Persiste como desafio para o Ensino Religioso Escolar plantear didaticamente o fato de que milhões de cidadãos e cidadãs brasileiros entregam-se diariamente aos êxtases místicos e a outras formas de arrebatamento religioso. A par disso, situar as demandas espirituais que tais experiências místicas buscam satisfazer; discutir as conseqüências dessas experiências na qualidade de vida das pessoas. Além disso, interpretar o tratamento dispensado pelos Meios de Comunicação Social aos temas religiosos; bem como analisar as dimensões políticas da religiosidade majoritária. (BITTENCOURT FILHO, 1996, p. 37-38)

Também Cruz, defendendo a posição de que os conteúdos do Ensino Religioso deveriam partir dos objetivos do projeto educativo, e não das necessidades dos grupos religiosos, considera:

[...] esse tipo de Ensino Religioso, a serviço dos objetivos da escola, acaba prestando, por tabela, um grande serviço às próprias (e várias) denominações religiosas. Ele vai discutir exatamente o que costuma ser uma lacuna nas pregações religiosas confessionais: as bases humanísticas do ato de crer, dos ritos, dos preceitos e lealdades propostos pela religião, seja ela qual for. Ouvir na escola, sem intenção de proselitismo – como manda a lei – uma abordagem respeitosa daquilo que seu grupo religioso representa pode ser muito mais importante do que parece para o fortalecimento da identidade de cada um. Ouvir a crença de outros grupos tratada com o mesmo respeito, ensina algo mais: superação de preconceitos, respeito aos direitos da consciência alheia, hábitos mentais que favorecem a construção da paz, partilha de espiritualidades que podem se enriquecer mutuamente. (CRUZ, 1998, p. 47)

Uma proposta para a superação de seus impasses: o modelo inter-religioso ou pluralista

Nesse caso, o Ensino Religioso é concebido de forma a abranger as mais variadas opções e modalidades de religiosidade, filosofias de vida, e até mesmo o agnosticismo e o ateísmo.[2] Não pressupõe que o aluno se

---

[2] O agnóstico admite a existência de um princípio transcendente, sem identificá-lo com a definição de sagrado de qualquer religião conhecida, ou prefere se calar diante do que considera um mistério que não pode nem ser afirmado nem negado; já o ateu nega a existência de uma realidade transcendente como princípio explicativo para a realidade.

identifique com algum credo ou religião, mas se baseia nas categorias antropológicas de transcendência e alteridade. Essa abordagem dialoga reiteradamente com a Antropologia Cultural, a Psicologia da Religião, a Fenomenologia da Religião e a Sociologia da Religião, para as quais tanto o sentimento religioso quanto a sua institucionalização são expressão e sistematização das necessidades de grupos humanos, concepções de sagrado e percepção de mundo, em determinadas épocas e contextos históricos.

Da mesma maneira, Soares, teólogo e doutor em Ciências da Religião, considera importante valorizar a diversidade de opções religiosas e saber relativizá-las: "No Ensino Religioso seria importante esclarecer que nenhuma resposta religiosa pode ser absolutizada. Elas têm seu contexto histórico-cultural. O valor de relê-las hoje está em perceber o quanto evoluímos em nossa auto-compreensão" (SOARES, 1998, p. 38-39).

A respeito da importância do aporte de conteúdos e disciplinas afins, Cruz, refletindo sobre cidadania e interdisciplinaridade do Ensino Religioso, afirma que

> [...] para trabalhar dados específicos da sua área, o Ensino Religioso precisa do socorro de outras disciplinas. Na questão da cidadania, a história do povo de Deus vai ser trabalhada de várias formas para se ver como a Bíblia encara essa questão. Mas vai ser muito difícil ligar a garotada em fatos de um povo distante, de antes de Cristo, se não houver consciência histórica. Quem não tem sua sensibilidade poética desenvolvida também vai ter problemas na interpretação dos textos sagrados de todas as religiões já que, para falar de Deus e do Transcendente, a melhor linguagem sempre foi aquela em que as palavras ultrapassam o seu sentido literal, ou seja: a poesia, a alegoria, o mito, a parábola, a metáfora. Não se faz reflexão religiosa sobre a cidadania sem certa dose de boa sociologia, de interpretação libertadora da história, de visão adequada da economia, da política, do comportamento das massas e das pessoas individualmente nos tempos de hoje. Sem esse apoio corremos o risco de discursos vazios, por melhores que sejam as intenções. (CRUZ, 1996a, p. 40)

Sugerindo alguns objetivos para esse modelo de Ensino Religioso, Steil considera que

> o Ensino Religioso pluralista deve apresentar uma visão positiva da diversidade religiosa, situando-a como parte de um

> contexto democrático onde a liberdade de pensamento e de credo pode se expressar. Neste sentido, deve estimular o diálogo e a interação entre os alunos de diferentes tradições religiosas, buscando superar os preconceitos e revelar seus pontos de convergência. Uma perspectiva histórica e sociológica das religiões pode ser importante para desvendar as razões de muitos conflitos que dividem grupos e pessoas. Muitos preconceitos e discriminações estão relacionados com fatos históricos que, uma vez analisados, permitiriam construir uma outra imagem dos grupos e pessoas que estão diretamente relacionados a eles. A educação religiosa deve buscar ainda internalizar nos alunos uma ética de ação e de comportamento dentro de um mundo plurirreligioso. Uma ética que deve se traduzir em práticas e atitudes apropriadas para uma convivência humana numa sociedade pluralista. Ou seja: que os impulsionem a comportar-se responsavelmente no meio cultural democrático que se apresenta em consonância com a afirmação da liberdade religiosa e respeito a outras religiões diferentes da sua. (STEIL, 1996, p. 52-53)

Em tempos de conflitos armados em nome de religiões e crenças, essa abordagem pode contribuir para a distinção entre o potencial humanizador das instituições religiosas – seus objetivos últimos – e as formas culturais (discursos, símbolos, costumes etc.) que são empregados para fazer prevalecer, de forma fundamentalista, os valores que defendem, nem sempre com o aval dessas mesmas instituições.

Alguns dos pressupostos considerados por esse modelo de Ensino Religioso pluralista – com o que concordam a Secretaria de Estado da Educação e os Parâmetros Curriculares Nacionais do Ensino Religioso, elaborados pelo Fonaper – correspondem, em tese, ao que propõem os Temas Transversais de 5ª a 8ª séries dos PCNs do Ministério de Educação e do Desporto. Trabalhando o tema do Ensino Religioso no projeto político-pedagógico da escola, Figueiredo constata:

> Confrontando os temas e outros aspectos contemplados na Proposta Curricular de Minas Gerais com os que são apresentados nos Parâmetros Curriculares Nacionais de Ensino Religioso, bem como os Parâmetros do MEC, das Disciplinas chamadas Transversais, constatamos a coincidência deles na sua essencialidade todo conteúdo pode ser trabalhado no Ensino Religioso. Há questões de interesse dos educandos e educandas que são atribuídas ao fenômeno religioso; outras, aos questionamentos existenciais próprios da idade

evolutiva; há os provenientes dos conteúdos das demais disciplinas; outros são simplesmente socioculturais. (FIGUEIREDO 1998, p. 16-17)

Esses pontos em comum poderiam sugerir alguma redundância por parte da proposta do Ensino Religioso e, conseqüentemente, favorecer os questionamentos a respeito da sua real necessidade no currículo escolar. No entanto, os programas de Ensino Religioso não se limitam aos Temas Transversais propostos pelo MEC, além do que o enfoque desses mesmos temas pelo Ensino Religioso é específico, já que tem em vista a pergunta última pelo sentido da vida e o projeto de vida do aluno, que está em construção. Essa preocupação é comum a todos os modelos teóricos de Ensino Religioso identificados, e não encontra o mesmo tratamento e sistematização por parte de outras disciplinas afins, como Filosofia, Sociologia ou Educação Artística, por exemplo.

Com esse modelo de Ensino Religioso pluralista está identificada a proposta do Departamento Arquidiocesano de Ensino Religioso (DAER), que é o órgão responsável pela capacitação e formação permanente de professores de Ensino Religioso da rede pública estadual da Região Metropolitana de Belo Horizonte. Essa capacitação se dá, sobretudo, mediante o Curso de Filosofia e Metodologia da Educação Religiosa, e que é hoje um dos pré-requisitos para o credenciamento desses professores no Conselho Nacional de Ensino Religioso (Coner/MG) e na Secretaria de Estado da Educação. Sua proposta pedagógica compreende o Ensino Religioso como educação da religiosidade, ou seja,

> [...] como cultivo das disposições necessárias para a vivência coerente de um projeto de vida profundamente humano. Mais que ensinar as respostas desta ou daquela Igreja, a Educação Religiosa quer educar ao compromisso, a uma ação transformadora... Num país de injustiça estrutural, isto significa prioritariamente atuação junto com os oprimidos em prol da justiça, em nível cada vez mais profundo de conscientização. (GRUEN, 1995, p. 186)

O modelo de filosofia do Ensino Religioso adotado pelo DAER e que orienta esse curso foi sistematizado pelo padre salesiano Wolfgang Gruen, o qual se distingue dos modelos catequético, ecumênico e interconfessional pelo seu caráter inter-religioso. Na fundamentação da sua proposta, ele sublinha que

> [...] para se entender a natureza da Educação Religiosa, há que se considerar certas realidades religiosas como espaço hermenêutico, ou seja, o espaço sociocultural em que se dá a gestação da interpretação, da compreensão, do sentido; um pano de fundo global, um modo de ver e de valorizar, que exercerá forte influência na avaliação do mundo e nas atitudes da pessoa, também na área religiosa. (GRUEN, 1995, p. 185)

A respeito da religiosidade como um componente importante da cultura e, portanto, passível de ser analisado e até avaliado do ponto de vista do seu potencial de formação do comportamento ético e da cidadania, a reflexão de Frei Betto vem corroborar com essa abordagem:

> Um dos redutos de formação ética e moral, em algumas escolas, é o Ensino Religioso. Ora, uma das conquistas da razão moderna é justamente a desconfessionalização das instituições sociais e, sobretudo, da esfera política. Entretanto, não se deve confundir laicidade com estreiteza de visão. Nas escolas, o Ensino Religioso deve estar combinado com o ensino das religiões, na medida em que a religiosidade, como defende Max Weber, é tão intrínseca à condição humana quanto à sexualidade. Ora, relegar a questão religiosa à esfera privada, em especial quando se trata de um dever de formação, como é a escola, é abrir espaço à perda de referências culturais básicas, à superstição e ao fundamentalismo. Ora, a cultura latino-americana tem a religião em seu substrato, e de tal forma a religiosidade perpassa nosso inconsciente coletivo que qualquer trabalhador, empregada doméstica ou camponês expressa sua visão de mundo em categorias religiosas... Introduzir o Ensino Religioso nas escolas é, portanto, um dever de quem se propõe a formar cidadãos livres e conscientes. (BETTO, 1996, p. 32-33)

Além dessa realidade estruturada e estruturante – a sociedade permeada de valores, práticas e instituições religiosas – outras questões e premissas importantes estão na base do modelo de Ensino Religioso sistematizado por Gruen. Ele esclarece que as divergências existentes entre as diferentes concepções de Ensino Religioso discorrem, geralmente, em torno de três questões básicas:

O problema do sentido: há educadores e legisladores que confundem Estado leigo com Estado laicista, consideram o "religioso" como monopólio das religiões e concluem que o Ensino Religioso visa domesticar, alienar e subjugar as mentes. A concepção reducionista atribuída à categoria do "religioso" revelaria, no mínimo, um desconhecimento da conotação que ela recebe em outros campos do conhecimento, tais como Filosofia, Antropologia Cultural e Psicologia Social. A própria legislação estadual não avança nessa matéria, uma vez que privilegia a filosofia cristã como inspiradora dos objetivos do Ensino Religioso escolar;

O problema da linguagem: o professor de Ensino Religioso deveria falar pelo aluno, pelas suas possibilidades e necessidades; ao contrário do representante da instituição religiosa, que fala com base em princípios teológicos e de um projeto de evangelização. A linguagem catequética é mais comum em escolas particulares confessionais, mas ainda é muito utilizada por docentes de escolas públicas, o que reforça as acusações de que o Ensino Religioso subjuga e domestica por ser "o braço estendido" das igrejas cristãs dentro da escola;

O problema dos interesses: como se pode constatar ao longo de uma retrospectiva histórica, os poderes civil e religioso defendiam, juntos, um modelo de Ensino Religioso que tranqüilizava e reforçava a ambos, mas não resolvia o problema dos alunos:

a) as autoridades civis tinham e ainda têm interesse político em não indispor grupos religiosos mais influentes contra si (e entre eles);

b) há autoridades religiosas que, imbuídas ainda do modelo de uma cultura cristã hegemônica, não querem perder direitos sobre o Ensino Religioso, adquirido a duras penas; temem o proselitismo de grupos que não têm preocupação ecumênica; ou vêem no Ensino Religioso a alternativa para uma educação da fé que não foi tão eficaz e abrangente.

Com base nesses pressupostos, o modelo de Ensino Religioso escolar proposto por Gruen defende que

> [...] o fator "religioso" há de ser procurado não nas religiões tidas comumente como tais, mas naquilo que é comum a todos os homens e mulheres seriamente empenhados em realizar o sentido último da sua existência. Ou seja, prefere-se partir hoje não de uma suposta "posse", mas da "busca".
> (GRUEN, 1995, p. 24)

Também contribui para esse entendimento da categoria do "religioso" a reflexão de Brito, quando aborda o tema da educação em tempos de globalização:

> No âmbito educacional, gostaria de concentrar o olhar na educação religiosa ou no ensino religioso e perguntar por sua possível contribuição para a construção de uma sociedade mais igualitária. Penso num ensino religioso que superou o ranço apologético e proselitista e situa-se num horizonte macroecumênico. A palavra religiosa, ao oferecer olhos novos às pessoas, possibilita um crescimento por dentro, uma transformação interna, uma experiência de liberdade – valor supremo do ser humano –, liberdade que se manifesta de modo pleno no dom do outro, no reconhecimento do outro heterogêneo, plural e contraditório. A palavra religiosa, por sua natureza interrogante, mantém vivas as perguntas sobre a vida, sobre o destino humano e sobre o futuro. A palavra religiosa, por ser operativa, convida a passar das idéias ao agir, agir que é desafiado a construir a base de uma convivência humana mais harmônica. (BRITO, 1998, p. 34 -36)

É possível fazer, então, a distinção entre Religiosidade – atitude e tarefa de abertura do homem ao sentido radical, mais profundo de sua existência (fé em sentido amplo, abertura a tudo aquilo que lhe transcende e dá sentido a sua existência) –; e Religião – uma das maneiras concretas de o homem viver a sua religiosidade, o que supõe adesão a um credo e pertença a uma comunidade de fé (fé institucionalizada, pública), sujeita a todas as contingências históricas e culturais que isso implica. No primeiro caso, é possível se falar de religiosidade popular, do povo mineiro, religiosidade sincrética etc.; no segundo, de religião ou fé católica, islâmica, dos índios Yanomami etc.

Tanto a reflexão sobre as questões e princípios que alicerçam a religiosidade de cada um quanto a reflexão sobre o papel das religiões na sociedade contemporânea podem ser conduzidas pelo viés da preocupação ética e cidadã, a fim de implicar indivíduos e instituições no projeto comum de construir um planeta mais habitável para as atuais e as futuras gerações.

Considerações finais

A reflexão que fizemos sobre modelos teóricos e respectivas práticas pedagógicas na área do Ensino Religioso mostrou o tratamento diferenciado que lhe é dado por legislações e sistemas de ensino em diferentes instâncias, instituições educativas e religiosas, educadores e especialistas.

A falta de unanimidade em torno dos modelos de Ensino Religioso é um dado que reflete a história dessa disciplina – e de certo modo do próprio sistema educacional brasileiro – dependente da ideologia religiosa católica e de conjunturas políticas dominantes, até meados do século XX. Também legislações de ensino antagônicas se alternam e até convivem, não sem conflitos, num mesmo momento histórico ou espaço físico, o que não é exclusividade do Ensino Religioso. Em nível nacional, ainda há divergências em torno da inclusão ou não do Ensino Religioso na grade curricular e da definição de sua modalidade em Lei Ordinária (confessional? interconfessional?). Nos Estados, a atenção das Secretarias e outros órgãos de Educação está voltada para a reorganização da disciplina nos âmbitos regional e local, sobretudo por meio de equipes de coordenação representativas das denominações religiosas credenciadas (FIGUEIREDO, 1995).

Uma das contribuições em se identificar as características das principais concepções de Ensino Religioso é constatarmos as "marcas" desses embates históricos e os novos paradigmas que deles decorreram: no modo de se conceber a Pessoa (sua natureza, suas crenças e sua relação com o meio), a Sociedade (suas instituições, a luta pelo poder, a cultura, os direitos civis), a Religião (seu papel social, organização interna, teologias) e a Educação (finalidades, projetos, a profissão docente).

Ficou claro para mim que a proposta do Ensino Religioso se distingue dos objetivos das demais disciplinas por sua ênfase em ajudar o aluno a construir uma resposta à pergunta pelo sentido da sua vida, o que implica uma reflexão sistemática e vivências cotidianas em torno de um projeto pessoal ético e cidadão. Essa proposta tem como pressupostos os modelos teóricos descritos e analisados neste trabalho, desde o confessional até o inter-religioso. Portanto, o seu "lugar", a sua importância na grade curricular da escola pública está marcada por distintas interpretações a respeito do papel da escola diante dos temas ligados à religiosidade dos seus educandos e dos grupos humanos e sociedades.

Qualquer que seja o enfoque adotado continuam sempre atuais e desafiadoras as perguntas postas pela reflexão filosófica no campo da Educação: o que entendemos por educar? Educar para quê? A quem e a que causas essa concepção de educação serve? Em que lugar nos colocamos nessa empreitada e qual é a nossa tarefa?

Essas são considerações que, analisadas as suas implicações para o conjunto da escola, formação integral de crianças e jovens, e categoria profissional, num cenário de pluralismo cultural e religioso, deveriam empenhar-nos a todos, educadores e especialistas da área, na tarefa comum de trabalharmos na perspectiva do modelo inter-religioso, que acredito ser o mais inclusivo deles, o que se coaduna com a finalidade última da escola pública, aberta a todos, crentes e não-crentes.

Referências

BETTO, Frei. Ética, humanização e solidariedade. *Diálogo*: Revista de Ensino Religioso, São Paulo: Paulinas, n. 4, p. 32-33, out. 1996.

BITTENCOURT FILHO, José. Ensino religioso e espiritualidade matricial. *Diálogo*: Revista de Ensino Religioso, São Paulo: Paulinas, n. 2, p. 37, maio 1996.

BRITO, Ênio J. da Costa. A libertação pela palavra. *Diálogo*: Revista de Ensino Religioso, São Paulo: Paulinas, n. 9, p. 34-36, mar. 1998.

CATÃO, Francisco. Mãe: sobre as imagens de Deus na religiosidade popular e na educação. *Diálogo*: Revista de Ensino Religioso, São Paulo: Paulinas, n. 13, p. 14, mar. 1999.

CONFERÊNCIA NACIONAL DOS BISPOS DO BRASIL. *Guia ecumênico*. São Paulo: Paulinas, 1984.

CRUZ, Therezinha M. L. da. Remendo não vai servir: a respeito da nova redação do artigo 33 da LDB. *Diálogo*: Revista de Ensino Religioso, São Paulo: Paulinas, n. 11, p. 47, ago. 1998.

CRUZ, Therezinha M. L. da. Cidadania e interdisciplinaridade do Ensino Religioso. *Diálogo*: Revista de Ensino Religioso, São Paulo: Paulinas, n. 1, p. 40, mar. 1996a.

DANTAS, Douglas Cabral. *O Ensino religioso na rede pública estadual de Belo Horizonte, MG: história, modelos e percepções de professores sobre formação e docência*. 2002. 206 f. Dissertação (Mestrado em Educação). Pontifícia Universidade Católica de Minas Gerais.

FIGUEIREDO, Anísia de Paulo. Ensino Religioso no Brasil. *Diálogo*: Revista de Ensino Religioso, São Paulo: Paulinas, n. 0, p. 13-14, out. 1995.

FIGUEIREDO, Anísia de Paulo. O Ensino Religioso no projeto político-pedagógico da escola. *Diálogo:* Revista de Ensino Religioso, São Paulo: Paulinas, n. 11, p. 16-17, ago. 1998.

FORUM NACIONAL PERMANENTE DE ENSINO RELIGIOSO. *Parâmetros Curriculares Nacionais do Ensino Religioso*. São Paulo: Ave Maria, 1988.

GARDINO, Íris. A transversalidade do ecumenismo. *Diálogo*: Revista de Ensino Religioso, São Paulo: Paulinas, n. 16, p. 43-44, out. 1999.

GRUEN, Wolfgang. *O Ensino Religioso na escola*. 2. ed. Petrópolis: Vozes, 1995.

MINAS GERAIS. Secretaria de Estado da Educação. *Ensino Religioso: programa para o ensino fundamental*. Belo Horizonte, 1997.

ORO, Ari Pedro. Modernas formas de crer. *Revista Eclesiástica Brasileira*, Brasília, mar. 1997. p. 52-53.

SOARES, Afonso Maria de Ligório. Criados para trabalhar? As questões trabalhistas entre nós e os deuses. *Diálogo*: Revista de Ensino Religioso, São Paulo: Paulinas, n. 12, p. 38-39, out. 1998.

STEIL, Carlos Alberto. O Ensino Religioso na sociedade plural. *Diálogo*: Revista de Ensino Religioso, São Paulo: Paulinas, n. 3, p. 50-52, ago. 1996.

ZIMMERMANN, Roque. Uma grande mudança no Ensino Religioso: relato da tramitação e do substitutivo aprovado. *Diálogo*: Revista de Ensino Religioso, São Paulo: Paulinas, n. 8, p. 54-55, out. 1997.

CIDADANIA: DAS RUAS À SALA DE AULA

Evely Najjar Capdeville

Pintando as cores de fundo

Imaginem o seguinte cenário da história brasileira: o período pós-1964. Em toda parte, pairava um clima de temor e terror diante das perseguições do regime militar. Entre 1969 e 1974, movimentos de resistência contra a ditadura, tais como a Guerrilha Urbana e a Guerrilha do Araguaia, começam a minar e a desgastar o governo. Nesse período, ser "cidadão" chegou a significar no jargão policial algo parecido a "marginal", "elemento".

Então, na década de 1970, começa a se esboçar um quadro de cores vivas, fortes e inquietantes. Ricos e efervescentes movimentos de contestação e reivindicação da sociedade civil refletem a insatisfação geral da população diante do quadro econômico, indicando o declínio do chamado "milagre econômico", bem como o desgaste do regime militar e das formas autoritárias de gestão. Ao mesmo tempo, denúncias de repressão, tortura e morte mobilizam setores da sociedade civil a favor do movimento de "redemocratização" do País.

Com ímpeto e vigor, a dimensão da cidadania começa a ser resgatada, tornando-se a principal bandeira de luta da população brasileira. Vários movimentos e lutas organizados a partir de reivindicações coletivas, concorrem para o processo de transformação social e política, nesse período. Em 1972, o movimento contra a carestia, que surgiu com donas de casa que participavam de comunidades eclesiais de base na zona sul da cidade de São Paulo e em outras capitais, denuncia o aumento exagerado do custo de vida, provocado pela elevação da inflação, nas cidades. Ainda em 1972, teve início o Movimento dos Loteamentos Clandestinos (MLC), em São Paulo, assinalando o problema da moradia da classe popular.

Em 1975, o movimento feminista e o movimento pela redemocratização do país lutam por condições de trabalho e liberdade política; em 1976, acontece a retomada do movimento sindical e o movimento pela anistia e, em 1977, seguem os movimentos estudantis em todo o País (MIRANDA, 1998). E assim, "fortalecida pela conjuntura internacional, que também destacava a questão dos direitos humanos como básicos, a cidadania tornou-se o móvel e o articulador das lutas sociais ocorridas" (GOHN, 1995, p. 202).

Em razão das pressões, em 1978, irrompe uma onda de greves das diversas categorias socioeconômicas. Eclode a greve dos operários da região do ABC de São Paulo e a greve dos metalúrgicos da região de Belo Horizonte e Contagem, trazendo à baila a insatisfação dos trabalhadores e das entidades de classe.

No campo, intensificaram-se as lutas pela terra, por melhores salários e por preços melhores para os produtos. Os conflitos no campo expressavam tanto críticas em relação aos sindicatos e à ação da Confederação Nacional dos Trabalhadores na Agricultura (CONTAG) quanto críticas em relação à política agrícola governamental, como ocorreu no movimento dos agricultores do Oeste e do Sudoeste do Paraná, em 1978. A organização dos trabalhadores rurais e urbanos, nesse período, deu origem ao processo de construção de duas centrais sindicais, a Central Única dos Trabalhadores (CUT) e a Confederação Geral dos Trabalhadores (CGT) (MEDEIROS, 1989).

Em 1979, a greve dos operários da construção civil de Belo Horizonte e ainda a greve dos trabalhadores em educação das redes municipal e estadual de Minas Gerais indica, no âmbito local, uma sintonia com as manifestações populares em curso no cenário nacional. Também em 1979 acontece o movimento dos transportes coletivos em diferentes cidades brasileiras, o movimento de lutas por creches e o movimento das favelas em São Paulo e em Belo Horizonte. No campo, a greve dos canavieiros de Pernambuco foi um marco no movimento de trabalhadores assalariados no Nordeste, uma vez que mobilizou vinte e três sindicatos e referenciou as lutas nos anos subseqüentes. Ao mesmo tempo, durante o período compreendido entre 1974 e 1980, intensifica-se a formação de associações comunitárias e entidades organizadas em todo o País (MEDEIROS, 1989; MIRANDA, 1998; SOMARRIBA, 1984).

A partir de 1979, o poder público federal e alguns governos estaduais passaram a incluir o desenvolvimento comunitário na pauta dos investimentos sociais e educacionais. Em Minas Gerais, foi lançado o Programa de Desenvolvimento de Comunidades (Prodecom), para incentivar a urbanização de favelas e bairros periféricos, bem como serviços de infra-estrutura, na Região Metropolitana de Belo Horizonte. Em 1979, também foi criada a Federação das Associações Comunitárias de Minas Gerais (Facemg) (SOMARRIBA, 1984), e, apesar das iniciativas públicas para responder às demandas sociais, outros movimentos continuam ocorrendo na década de 1980.[1]

Um novo ideário social para o País

Tais movimentos tinham legitimidade social por serem expressão de necessidades, desejos e anseios de grandes contingentes populacionais. As lutas se articulavam num panorama de busca de mudanças estruturais na ordem político-social, para as quais o projeto socialista era o grande inspirador. Esses movimentos buscavam a construção de outro paradigma de ação social, fundado no desejo de se ter uma sociedade diferente, sem discriminações, exclusões ou segmentações (GOHN, 1995).

Assim, na década de 1980, as organizações de interesse – associações de base local, mais ou menos institucionalizadas, partidos políticos, sindicatos e entidades de classe – tornaram-se parte importante da vida nacional, ao exercer pressão sobre os poderes públicos, governos estaduais e prefeituras, no sentido de cobrar direitos de cidadania e exigir melhoria na qualidade de vida nos meios urbanos. Segundo Gohn (1995, p. 111-112),

> [...] a rearticulação da sociedade civil ocorrida no período foi acompanhada da elaboração de vários projetos de mudança social para o país. A união das forças de oposição possibilitou a construção de propostas e frentes de lutas. Havia um clima de esperança, de crença na necessidade da retomada da democracia, da necessidade da participação dos indivíduos na sociedade e na política. Havia também a crença na força do povo, das camadas populares, quando organizadas, para realizarem mudanças históricas que outros grupos sociais não tinham conseguido realizar no passado. Os moradores das periferias, das favelas, cortiços e outros submundos saem da

---

[1] Vários autores tratam em profundidade a questão dos movimentos sociais nas décadas de 1970 e 1980, no Brasil. Sobre movimentos urbanos, sugerimos Gohn (1995) e Somarriba (1984). Sobre os movimentos no campo, recomendamos Medeiros (1989), Doimo (1995),Linhares *et al*.(1999).

penumbra e das páginas policiais para se tornarem os depositários das esperanças de ser novos atores históricos, sujeitos de processos de libertação e de transformação social.

A entrada em cena desses novos atores na luta pela cidadania política, econômica e social reveste-se de uma pertinência ímpar no quadro dos acontecimentos. O cenário brasileiro foi enriquecido com a dinâmica de ações que potencializaram maior participação popular, a inserção política, social e econômica, e ainda a democratização nas relações de força e poder no País. A consciência de direitos associada à percepção de carências comuns a grandes contingentes da população, mobilizou a luta pela ampliação do acesso ao espaço político e aos benefícios do desenvolvimento econômico como moradia, saúde, educação e transporte. Mas não apenas isso. Nos movimentos sociais, novos atores buscaram

> [...] reafirmar ou construir sua identidade social, e a identidade de seus membros como cidadãos, a partir da postulação de condições dignas de existência, colocando em evidência um novo plano de conflito: a ampliação dos direitos do cidadão reconhecidos pelo Estado, e a reivindicação da autonomia, pleiteando aumento de seus direitos e contestando a forma de atendimento do Estado que busca o controle da população. (ALONSO, 1994, p. 77)

Nesse sentido, junto a interesses, razões ou vontades que alimentaram os conflitos na sua materialidade, vemos perpassar uma luta simbólica em que a igualdade, a justiça e a legitimidade são reivindicadas pelo povo como critérios de tratamento de todos e para todos. A consciência do direito a ter direitos dá plausibilidade às aspirações por trabalho digno, vida decente e civilidade nas relações sociais, recuperando o sentimento de cidadania. De fato, nesse período o povo acreditou que poderia fazer a História e fez, se não amplamente como se desejou, pelo menos em alguns aspectos da vida social e material houve efetivamente ganhos em relação à conquista de direitos da cidadania.

Nos movimentos sociais urbanos, a reação contra as desigualdades na distribuição dos recursos públicos no setor social e a afirmação coletiva do direito à moradia, à educação, à saúde e aos serviços essenciais como água, luz, esgoto, telefone, coleta de lixo etc., dos moradores das periferias,

> [...] apresentam-se como forças organizativas da sociedade civil que tematizam na esfera pública as tensões e problemas da esfera privada, num processo de reorientação das decisões políticas em direção ao atendimento das demandas sociais numa perspectiva de democratização da democracia, ou do que poderíamos denominar de cidanização da cidadania. (LUCHMAN, 1993, p. 36)

O Estado, por sua vez, mostrou-se cada vez mais apto a absorver a maioria das demandas populares, durante os anos 1970 e os posteriores. Segundo Cunha (1999), essa atitude do poder público caracterizou uma prática ambígua, já que, se de um lado assumia o compromisso explícito com as necessidades das classes populares, por outro, a política de concessão abrandava o poder reivindicativo e transformador dos movimentos sociais. Contudo, apesar da crítica de burocratização ou mesmo cooptação, pela esfera política, precisamos reconhecer que os movimentos sociais efetivamente provocaram alguma redistribuição dos recursos sociais e apontaram questões essenciais. Ampliaram os espaços de discussão e participação no interior das agências governamentais de serviços públicos, contribuíram para a ampliação da democracia social no Brasil, mediante um processo eminentemente educativo, e indicaram caminhos valiosos para a construção da noção de cidadania coletiva.

Uma nova concepção de educação calcada na práxis

Segundo Gohn (1992, p. 16-17),

> [...] a educação ocupa lugar central na acepção coletiva da cidadania. Isto porque ela se constrói no processo de luta que é, em si próprio, um movimento educativo. A cidadania não se constrói por decretos ou intervenções externas, programas ou agentes pré-configurados. Ela se constrói como um processo interno, no interior da prática social em curso, como fruto do acúmulo das experiências engendradas. A cidadania coletiva é constituidora de novos sujeitos históricos: as massas urbanas espoliadas e as camadas médias expropriadas. A cidadania coletiva se constrói através do processo de identidade político-cultural que as lutas cotidianas geram.

A dimensão educativa está presente não somente nos processos subjacentes aos movimentos sociais como também em suas metas e finalidades. No bojo das reivindicações populares pelos direitos sociais de cidadania, a luta pela educação aparece constituindo parcela significativa das demandas da classe trabalhadora urbana, cujos protagonistas são os moradores dos bairros periféricos. A luta pela educação mantida pelo poder público é árdua e intensivamente incorporada ao conjunto das reivindicações, uma vez que a questão da escolaridade é compreendida como elemento básico da prática social. Segundo Paiva (apud Campos, 1991, p. 51), no Brasil, como na França da Revolução, as camadas populares lutaram pelo acesso à educação formal, pela universalização da escola pública, visto que "[...] parecem se dar conta, bem melhor do que os intelectuais, de que a escola lhes oferece não somente a ideologia dominante, mas também os instrumentos úteis à sua sobrevivência e até mesmo à sua liberação".

Graças à luta da sociedade pelo exercício dos direitos de cidadania no Brasil, a década de 1980 é coroada por uma sucessão de fatos significativos que possibilitam o reflorescimento da democracia política e social no País: as eleições diretas para governos estaduais, em 1982; a campanha pelas "Diretas Já", em 1984; a eleição indireta de Tancredo Neves para a Presidência da República, em 1985; a instalação da Assembléia Nacional Constituinte, em 1987; a nova Constituição Brasileira, em 1988; culminando com a eleição direta para a Presidência da República, em 1989. Além disso, surgem as Centrais Sindicais e amplas entidades organizativas do movimento popular. Irrompem movimentos sociais com diferentes temáticas, que dão vozes e revelam a face de vários sujeitos sufocados e ocultos nas últimas décadas, como o movimento negro, o movimento de meninos e meninas de rua, o movimento ecológico etc.

Reflexos na Constituição de 1988: a "Constituição Cidadã"

A luta da sociedade civil contra as diversas formas de opressão imputadas pelos sucessivos governos ditatoriais foi elemento fundamental para o avanço dos processos de "redemocratização" que deram início à chamada Nova República.[2] Evidentemente, o processo

---

[2] Conforme Fernandes (1986), o que houve na verdade foi uma manobra de "conciliação pelo alto" que fez a transição do regime ditatorial anterior para uma república burguesa institucionalizada, que nada tem de nova e muito menos é uma república.

de transição democrática foi estimulado pela dinâmica de forças antagônicas em jogo: a sociedade civil, de um lado, e o poder burguês institucionalizado, do outro. Contudo, a participação da sociedade civil na elaboração de políticas e o aprofundamento da consciência de direitos foram fundamentais para o estabelecimento de uma nova ordem, que se fez sentir em todos os campos da vida social. Segundo Telles (1999, p. 17),

> [...] nos anos 80, os movimentos sociais se organizaram, os sindicatos se fortaleceram e as aspirações por uma sociedade mais justa e igualitária ganharam forma na reivindicação de direitos, projetaram-se no cenário político, deixaram suas marcas em conquistas importantes na Constituição de 1988 e se traduziram na construção de espaços plurais de representação de atores coletivos reconhecidos como interlocutores válidos no cenário político nacional.

Do ponto de vista da lei, a Constituição de 1988, alcunhada "Constituição Cidadã", promulgada em clima de renovação e crença nos ideais democráticos, restabelece a supremacia civil no País e, pela primeira vez na História do Brasil, elenca os direitos civis, políticos e sociais dos cidadãos, postulando o direito de cidadania como um dos fundamentos do Estado Democrático de Direito e como princípio norteador do projeto de uma nova sociedade.

A nova Carta, reiterando a Legislação de 1946, recoloca a importância de garantir a todos um direito social fundamental – o direito à educação, pré-requisito para a efetividade dos direitos civis e políticos da cidadania. A declaração do direito à educação é particularmente detalhada na Constituição Federal de 1988, em seu artigo 6° e nos artigos 205 a 214, que compõem a Seção I do Capítulo III – Título VIII –, representando um salto de qualidade em relação à legislação anterior. O artigo 206 refere-se à igualdade de condições para o acesso e a permanência na escola (inciso I), a gratuidade do ensino público (inciso IV) e a gestão democrática (inciso VI). O artigo 208, em seu inciso I, situa a obrigatoriedade e a gratuidade do ensino fundamental "inclusive para os que não tiveram acesso a ele na idade própria". O inciso III amplia a igualdade de acesso a segmentos específicos, como os portadores de necessidades especiais, preferencialmente na rede regular de ensino, ampliando, assim, os espaços de cidadania no campo do direito social à educação.

"Educação para a cidadania": um projeto para a educação escolar

Sem dúvida alguma, na década de 1980, atribui-se nova função social para a escola,

> [...] que extrapola o papel de coadjuvante no desenvolvimento econômico. Com efeito, a escola assume progressivamente seu papel na formação do cidadão e, nesse limite, estabelece sua essência humanizadora, incorporando novos princípios à sua função social. (MIRANDA, 1998, p. 97-98)

A demanda predominante na sociedade brasileira nesse período foi de uma "educação para a cidadania",[3] na qual a escola tornou-se depositária de um ideário de formação de novos atores para a nova realidade democrática. A escola pública se torna objeto das demandas das classes populares, a partir dos movimentos sociais. "A luta pela escola pública tem origem em uma confluência entre as deficiências da escola pública a que as classes populares têm acesso e a emergência de uma nova postura diante de seus direitos sociais" (CAMPOS, 1989, p. 18).

Na verdade, essa demanda reflete processos contraditórios e diferenciados de inserção, subordinação e confronto das classes trabalhadoras na escola, como um espaço de construção política e manifestação cultural. "A luta pela educação é simultaneamente luta pela ampliação do espaço democrático, pelo direito de associar-se e reunir-se, além do direito elementar de estudar" (CAMPOS, 1989, p. 97).

Na luta pelo direito à educação, o ideário social de formação de cidadãos/cidadãs se fez presente tanto nas ações dos movimentos sociais e no s textos legais quanto nas concepções educativas que emergem a partir de então. E, assim, a formação dos cidadãos/cidadãs reaparece não só como uma exigência da *práxis* social e política, mas também como um ideal a ser alcançado e que os projetos educativos pretenderão incluir. Esse ideário endereça às diversas instituições, em especial às instituições escolares, a necessidade de formar o cidadão para o novo contexto histórico-social democrático.

Nas décadas de 1970, 1980 e 1990, vários autores e intelectuais brasileiros reafirmam a instituição escolar como *lócus* privilegiado para essa formação. Em especial, a década de 1980 é fértil na divulgação das idéias que destacam a importância dos movimentos sociais e defendem a gestão participativa no sistema educacional como elemento político formador e transformador. Nessa medida, o tema do exercício da cidadania, tão pungente nas ruas, vai tomando lugar na sala de aula. Vários intelectuais escrevem sobre a contribuição social da escola na formação dos cidadãos e a importância da gestão educacional participativa.

Entre eles, Saviani destaca a educação escolar como instrumento essencial para o exercício da cidadania e base da construção de uma sociedade democrática e de cidadãos capazes de agir politicamente, ou seja, participar ativamente da vida na cidade. Segundo ele (1986, p. 76),

> [...] a democracia só se consolida na medida em que cada um de seus membros esteja capacitado para participar das decisões, para opinar sobre os rumos da sociedade, para interferir, para apresentar seus próprios pontos de vista e contrastá-los com pontos de vista diversos.

Na década de 1990, alguns intelectuais continuam reafirmando a importância da escola na formação de cidadãos, no processo de democratização da sociedade e na distribuição dos bens que garantem a efetividade da cidadania. É o caso de Severino (1994, p. 65), que afirma que a escola

> [...] só se justifica pela sua intrínseca função social, entendendo-se por esta sua participação nos processos de transformação da sociedade numa sociedade cada vez mais democrática, ou seja, num tecido social em que cada indivíduo se torne cada vez mais cidadão, na medida mesma em que se torne sujeito da produção e da fruição de bens naturais, dos bens sociais e dos bens simbólicos.

Nesse mesmo sentido, Coutinho (1994) chama a atenção para o interior da escola e a necessidade de uma gestão democrática. Segundo esse autor, a escola vai contribuir para o fortalecimento da democracia e a realização da cidadania se ela promover a socialização efetiva do conhecimento, assegurar o pluralismo e a liberdade de expressão para todos e se autogerir, constituindo em seu interior uma verdadeira escola de democracia.

Discutindo a mesma questão, outros autores vão enfatizar as práticas educativas no interior da escola como experiências cotidianas de vivência democrática para os alunos. Candau recomenda ainda que a escola deva estar articulada à problemática mais ampla da sociedade e suas diferentes práticas, tornando-se

> [...] um espaço onde se formem crianças e jovens para serem construtores ativos da sociedade na qual vivem e exercem sua cidadania. Isto exige uma prática educativa participativa e dialógica, que trabalhe a relação prática-teoria-prática, e na qual o cotidiano escolar esteja permeado pela vivência dos direitos humanos. (1997, p. 228)

Covre (1998), por exemplo, reconhece a necessidade de uma educação para a cidadania, que não só crie espaços para a reivindicação de direitos, mas também amplie o conhecimento da possibilidade de reivindicar. Numa perspectiva mais crítica em relação à tarefa da escola na formação dos cidadãos, salienta Weffort (1994, p. 36) que

> [...] a escola é apenas uma dentre as muitas instituições que se ocupam, ou que se deveriam ocupar, da formação da cidadania. Mas é, dentre todas, a mais importante. [...] É uma instituição responsável pelo preparo das pessoas para a cultura, para a vida social, para a vida política, portanto, no sentido definido anteriormente, para a cidadania.

Em outra perspectiva, Arroyo (1995, p. 40) alerta que, "continuar defendendo a educação como o ritual sagrado de passagem para o reino da liberdade é uma forma de contribuir para que a cidadania continue a ser negada, reprimida e protelada". Segundo ele, esse discurso vem colaborando, ao longo da história política brasileira, para justificar e racionalizar a exclusão de muitos trabalhadores na participação política democrática.

Para Arroyo (1995), deve-se recolocar a relação entre educação e cidadania em novos termos, que não sejam mecânicos nem positivamente causais, uma vez que é arbitrário precondicionar o exercício da cidadania e a participação política ao processo de escolarização. Por essa razão, falar em educação para a cidadania é o mesmo que condicionar a esfera do direito a um aprendizado específico que deve ser adquirido no processo de escolarização, que abrirá ao indivíduo a condição de cidadania e lhe dará instrumentos para se conduzir adequadamente na malha social.

Arroyo (1995) critica essa concepção que pressupõe a capacidade para agir sobre o curso dos processos sociais a uma devida "preparação" do indivíduo. Segundo ele, "a educação não é uma precondição da democracia e da participação, mas é parte, fruto e expressão do processo de sua constituição" (p. 79).

Nessa mesma direção, Almeida (1996) compreende que a educação escolar é apenas um dos componentes da formação da cidadania, e não sua condição básica. Embora a autora reconheça a importância da educação escolar na formação política do homem, acredita que à escola compete complementar tal função guardando uma relação com o contexto do qual ela faz parte. Isso significa que Almeida compreende a formação e o exercício da cidadania como aspectos impulsionados pela atuação do Estado, por meio da organização, da garantia e da efetivação de políticas sociais. Essa autora ressalta a importância da materialidade e das condições concretas de vida, produção e efetivo acesso aos direitos essenciais da cidadania, como aspectos altamente relevantes no processo de formação do cidadão.

Em outra direção, Valle (1997) compreende que a escola é alvo de um imaginário social, no qual se projetam ideais de renovação, onde se ancoram esperanças, expectativas e o investimento de toda a sociedade para a construção de um novo homem e de uma nova ordem. A autora percebe a escola como depositária de sonhos, que talvez nunca vão se concretizar, mas que precisam existir, porque alimentam as práticas e as esperanças de uma cidadania que precisa ser conquistada para assegurar a base democrática da sociedade e a universalidade de seus princípios.

A formação da cidadania na pauta das políticas públicas para a educação

Como vimos, os movimentos sociais recolocam o povo na arena política, mediante um longo processo de pressões e lutas. O exercício da cidadania ganha novo vigor no Brasil, e o termo cidadania começa então a ser empregado, com freqüência, em um sentido positivo e próprio. A partir dos movimentos sociais e da Constituição de 1988, cidadania passou a representar mais do que uma coleção de direitos, mas principalmente "[...] a sensação de pertencer a uma comunidade, de participar de valores comuns, de uma história comum, de experiências comuns" (SILVEIRA, 1999, p. 11).[3]

---

[3] Tradução nossa.

Há uma pluralidade de vozes discutindo o tema da educação do cidadão no cenário brasileiro das últimas décadas. Apesar dos diferentes olhares, percebemos que a escola adquiriu uma centralidade cada vez maior quando o tema em questão é a formação dos cidadãos. Para alguns autores, a escola é percebida como *lócus* privilegiado da formação da cidadania, onde se dá a interface entre o projeto político da sociedade democrática e os projetos pessoais dos indivíduos.

O ideário de formação da cidadania, que percebemos ora presente nos movimentos sociais, ora nos textos acadêmicos, ora nos textos jurídicos, foi sendo progressivamente assumido nas políticas públicas educacionais, a partir da década de 1980. No contexto de redemocratização da sociedade brasileira, impulsionados pelos movimentos sociais e inspirados no ideário de formação do cidadão, vários governos estaduais e municipais promoveram experiências democráticas e deram autonomia às escolas para sua gestão. Além disso, alguns deles incorporaram esse tema ao seu projeto pedagógico global, como o governo estadual do Rio de Janeiro, de Minas Gerais, de São Paulo e do Paraná. Na década de 1990, vários municípios, como Porto Alegre, Belo Horizonte, São Paulo, Brasília etc., também passaram a incorporar o ideário de formação da cidadania, no âmbito de suas concepções educativas e de seus projetos político-pedagógicos.

Mas não apenas isso. Os princípios de participação, proposição e decisão, próprios da gestão democrática, tornaram-se cada vez mais presentes por meio de práticas escolares, tais como: eleições para direção e vice-direção, funcionamento do colegiado e de assembléias escolares, etc. E, ainda, a exigência legal de uma cidadania inclusiva propôs novos desafios para a escola, para as relações humanas em seu interior, provocando novas concepções sobre as relações de trabalho, formação e profissionalização docente.

Entretanto, sabemos que as políticas dirigidas à educação dependem, para sua concretização, da adesão de atores dispostos a colocá-las em prática e por isso contemplam diversas e ambíguas concepções, representações sociais, tensões, conflitos e ações. Isso significa que "as teorias e concepções contidas em uma política pública vão interagir com esquemas conceituais presentes entre aqueles que nela estão envolvidos" (FREITAS, 2000, p. 24), e não dependem unicamente de sua institucionalização. Os principais protagonistas da formação cidadã na escola são aqueles que sustentam as práticas, ou seja, professores e professoras, alunos e alunas, pais e mães. Nessa medida, propus-me a realizar um estudo de caso, investigando uma escola da Rede Municipal de Ensino de Belo Horizonte (RME/BH), cujo projeto político-pedagógico está centrado no tema da formação da cidadania: a Escola Municipal Governador Ozanam Coelho (EMGOC), no bairro Capitão Eduardo, na periferia de Belo Horizonte.

Um estudo de caso:
a Escola Municipal Governador Ozanam Coelho

A escolha pela EMGOC, situada no bairro Capitão Eduardo, está relacionada a aspectos da história local, já que sua origem se situa nos movimentos sociais ocorridos em Belo Horizonte, na década de 1980. Na dinâmica das lutas pelos direitos sociais da cidadania – moradia, saúde e educação –, o movimento dos "sem-casa", ocorrido em 1987, fez surgir novos assentamentos e bairros na capital, entre eles o bairro Capitão Eduardo. Na história de construção do bairro, sua gente e suas lutas, a escola é uma das conquistas da população local na luta pelo direito à educação.

A pesquisa buscou conhecer, compreender e interpretar as repercussões do ideário de formação da cidadania nas concepções e práticas educativas, baseando-se em um "olhar de dentro", investigando representações e buscando significados na polifonia dos diferentes atores: família, alunos e professores.

Movimento dos "sem-casa", em Belo Horizonte, no final da década de 1980.

Vale lembrar que a representação social é uma forma de conhecimento socialmente elaborada e partilhada, que se diferencia das outras formas de conhecimento. Na representação social estão imbricados aspectos individuais, por implicar uma relação específica entre o sujeito e o objeto, em que o sujeito imprime sua identidade naquilo que representa, e vivências coletivas, nas quais ele compartilha de um imaginário comum. Por essa razão, investigamos aspectos subjetivos, crenças, valores, aspirações de uma comunidade escolar e também aspectos da história de vida de professores e professoras, conexos à dimensão da formação para a cidadania e aos processos relativos à cultura da escola.

Portanto, foram objetivos da pesquisa: 1. compreender, na perspectiva de quem educa para a cidadania – o professor e a professora –, como eles se percebem nesse processo, como se vêem conquanto cidadãos em formação, contribuindo para a construção de seus alunos-cidadãos; 2. descrever aspectos na formação docente (inicial, continuada, história de vida), que possam ter influenciado concepções e práticas sensíveis ao tema da formação para a cidadania; 3. evidenciar valores, conhecimentos e capacidades, reconhecidos como necessários para a formação humana e para o exercício da cidadania.

Os caminhos da metodologia

Segundo Bruyne *et al.* (1982, p. 224-225), um estudo de caso se caracteriza como

> um estudo em profundidade de casos particulares, ou seja, uma análise intensiva empreendida numa única ou em algumas organizações reais. O estudo de caso reúne informações tão numerosas e tão detalhadas quanto possível, com vistas a apreender uma determinada totalidade.

O estudo de caso com uma abordagem etnográfica me pareceu a opção metodológica mais adequada, por algumas razões, a saber: 1. tem no ambiente natural e contextual a fonte direta de dados e o pesquisador como seu principal instrumento; 2. possibilita a coleta de dados predominantemente descritivos; 3. permite a compreensão do processo como um todo, através das manifestações e interações cotidianas; 4. pretende capturar a perspectiva dos participantes, ou seja, procura compreender, com detalhes, o que é que professores, estudantes e pais pensam e como desenvolvem os seus quadros de referência;

5. parte da construção convergente e da indução para analisar dados (BOGDAN; BIKLEN, 1994).

Com vistas a apreender significados, práticas e representações de formação da cidadania, o estudo de caso se compôs dos seguintes recursos de investigação: análise de documentos; observação livre, sistemática e, por vezes, participante; entrevistas semi-estruturadas; grupos focais e depoimentos. A pesquisa documental compreendeu a análise de: projeto político-pedagógico da EMGOC e seus subprojetos; atas de reuniões; vídeo sobre a história do bairro e seus moradores, produzido por professores e alunos da escola; fotos e produções iconográficas de alunos do terceiro ciclo de formação. Já a observação livre, também chamada assistemática ou ocasional, ocorreu em relação aos processos da rotina escolar, tais como: recreio, sala dos professores, festas, eventos etc. Esse procedimento foi utilizado ainda na participação das reuniões mensais da Rede Local.

A observação sistemática, também chamada de planejada, deu-se especificamente em relação ao Projeto de Relações Humanas do terceiro ciclo, durante o período de aproximadamente três meses, quando ele se dedicou ao tema da cidadania. Nesse sentido, foram observadas as reuniões pedagógicas dos professores e as aulas semanais programadas para o desenvolvimento do projeto. A observação teve também uma dimensão participante, uma vez que, nas palavras de Demo (1984, p. 112), "não conseguimos ser meros observadores de uma trama que é necessariamente nossa". Nessa medida, a participação nas reuniões pedagógicas e nas salas de aula consistiu mais em uma interação.

Nas entrevistas semi-estruturadas, foram investigados alunos, alunas, professoras e professores. Buscou-se uma relação dialógica entre informante e pesquisadora, de maneira a transformar o encontro em uma interlocução. Entre os nove docentes que compõem o quadro do terceiro ciclo de formação, foram entrevistados, de forma semi-estruturada, seis professoras e um professor. Usou-se o critério de adesão, ou seja, todos os professores que se dispuseram foram entrevistados.

Nas entrevistas com os alunos, adotamos um critério misto, ou seja, metade deles foi indicada pelos professores do 3º ciclo e a outra metade foi sorteada. Observaram-se na definição dos dezoito alunos dois critérios: 1. o de gênero, ou seja, a igualdade numérica entre alunos e alunas; e 2. uma representação eqüitativa de alunos para cada uma das seis turmas, significando uma participação de três alunos por turma. Foram realizados dois grupos focais: um com professoras do ensino fundamental e um com familiares. Nos grupos focais, as discussões foram informais, porém estruturadas, nas quais os participantes falaram sobre o tópico ou tema de investigação.

Após as leituras, releituras, categorizações e recategorizações foi possível organizar os dados como: representações sobre a escola como instituição formadora, representações acerca do exercício da docência, relação escola-comunidade, concepções de cidadania etc.

A análise dos registros no caderno de campo, entrevistas, depoimentos, documentos, desenhos, murais etc., pautou-se nas contribuições da interpretação antropológica, que nos orienta a colocá-los em situação para melhor compreendê-los. Lembrando Geertz (*apud* OLIVEIRA, 1996), o escrever estando fora da situação de campo cumpre uma alta função, já que é o momento em que os fatos observados – vistos e ouvidos – serão trazidos para o plano do discurso. Nesse plano, o pesquisador dialoga em um espaço construído socialmente, ele se pensa e pensa o outro no interior de uma "representação coletiva".

Na análise de narrativas de professoras e professores, foram considerados aspectos da sua história de vida em interface ao tema da formação da cidadania. Essa análise buscou conhecer e compreender significações, aspectos da identidade e do exercício da docência, e, ainda, representações sobre o que foi formador em sua história de vida e o que é formador da cidadania na relação professor-aluno.

Os resultados

Por meio da pesquisa realizada na EMGOC, foi possível verificar um conjunto de representações que afirmam a dimensão formativa do ambiente escolar na construção do cidadão. Sob o olhar dos alunos, a escola é percebida como espaço de sociabilidade, formação, aprendizado, lugar onde se estabelecem importantes relações afetivas. Ao mesmo tempo, eles atribuem à cidadania a capacidade de manter um bom relacionamento com todos, ajudar, participar, ser solidário, conhecer seus direitos e deveres e ter uma consciência social.

Sob o olhar da família, a escola é representada como um grande bem, elemento fundamental para a aquisição de conhecimentos e valores, porta de acesso ao mundo do trabalho, à realização profissional e à melhoria de vida. Sob o olhar dos educadores, a afirmação da relevância formativa da educação escolar na construção dos cidadãos se dá com base na percepção de um contexto complexo de atribuição de responsabilidades, com muitas tensões, angústias e limitações. Os problemas sociais das famílias, a materialidade das condições de vida dos alunos refletindo nas relações pedagógicas, os comportamentos "avessos" ao exercício da cidadania no espaço público, os conflitos de valores entre escola e família, a omissão dos pais no processo formativo, o sentimento de despreparo dos professores e de sobrecarga na responsabilidade de formar o cidadão sem uma devida contrapartida de formação para os educadores, as condições materiais do exercício da docência, etc. são dimensões que circulam nas representações dos professores quanto à efetividade da formação do aluno cidadão.

Nas relações educativas que se desdobram no cotidiano escolar, a professora e o professor participam com uma centralidade inquestionável. O diálogo de gerações que ocorre no tempo escolar interpela os professores e professoras na sua arte de ser gente, uma vez que da vida não se separa a condição de educador. Portanto, olhar os mestres é um dos melhores caminhos para entender a escola, seu cotidiano, suas possibilidades de ação e conformação. A análise feita de narrativas de vida de professoras e professores permite evidenciar o seu percurso, as representações do que foi formador e as interações entre a dimensão profissional e as outras dimensões da vida, pela compreensão global dos diálogos que se estabelecem entre o individual e o sociocultural.

Cada ator social investigado tem conhecimento próprio de sua experiência e atribui relevância a determinados temas, aspectos e situações, de acordo com sua história de vida e seu estoque de conhecimentos adquiridos na interação com os outros. Entre os aspectos da história de vida presentes nas representações dos professores e professoras investigados neste trabalho, são apontados como significativos na formação de sua cidadania: a vida escolar, a importância da família, as experiências sociais, a escolha profissional e a formação universitária, o exercício da docência.

A guisa de conclusão

Como vimos, as décadas de 1970 e 1980 foram marcadas por lutas e conquistas no terreno dos direitos sociais, no Brasil. Na década de 1990, a escola começa a absorver em suas práticas pedagógicas os princípios democráticos e a estabelecer, assim, uma concepção ampliada de cidadania, ainda que de forma incipiente. Será que houve excessos na perspectiva dos direitos? No interior da escola, alguns educadores acreditam que sim e percebem nos alunos um despreparo na vivência de uma cidadania responsável. Outros denunciam que há uma inclusão, no fundo, excludente das classes populares que continuam sendo subtraídas do seu "direito à educação". Por certo, não temos como negar os avanços, na perspectiva dos direitos humanos e da democracia. Entretanto, as contradições são muitas: na distância entre a formação dos professores e a sua profissionalização, nas práticas e nos discursos, na burocracia das grades curriculares etc.

Há, ainda, muito caminho a percorrer. Permanece o desafio de sustentar uma educação pública de qualidade e viabilizar o exercício da docência em condições de qualificação, em face dos novos contextos. Precisamos de políticas públicas de formação continuada que atendam às novas necessidades dos professores e lhes dêem suporte na construção de todas as cidadanias: da sua própria, além da de seus alunos.

Os processos históricos, como vimos, são lentos e requerem uma luta paciente e persistente. No entanto, podemos afirmar que esse trajeto histórico, até então percorrido, teve o mérito de levar o ideário de cidadania tão bravamente entoado nas ruas a tomar certo assento na sala de aula.

Referências

ALMEIDA, Maria Doninha. *Do redimensionamento da cidadania burguesa à descidadania: bem-estar, exclusão e educação escolar*. 1996. Tese (Doutorado em Educação) – Universidade de São Paulo, São Paulo.

ALONSO, Luiza Klein. Movimentos sociais e cidadania: a contribuição da psicologia social. In: SPINK, Mary Jane Paris (Org.). *A cidadania em construção: uma reflexão transdisciplinar*. São Paulo: Cortez, 1994.

ARROYO, Miguel G. Educação e exclusão da cidadania. In: BUFFA, Ester; ARROYO, Miguel; NOSELLA, Paolo. *Educação e cidadania: quem educa o cidadão?* 5. ed. São Paulo: Cortez, 1995.

BALESTRERI, Ricardo Brisolla. O que é "educar para a cidadania". In: *Educando para a cidadania: os direitos humanos no currículo escolar*. Porto Alegre: Pallotti/SBAI/CAPEC, 1992. (apostila)

BOGDAN, Robert; BIKLEN, Sari. *Investigação qualitativa em Educação: uma introdução à teoria e aos métodos*. Porto: Porto, 1994.

BRUYNE, Paul de *et al*. *Dinâmica da pesquisa em Ciências Sociais*. Rio de Janeiro: Francisco Alves, 1982.

CAMPOS, Maria M. Malta. As lutas sociais e a educação. *Cadernos de Pesquisa*, São Paulo, n. 79, p. 56-64, nov. 1991.

CAMPOS, Rogério Cunha. *A luta dos trabalhadores pela escola*. São Paulo: Loyola, 1989.

CANDAU, Vera Maria (Org.). *Magistério: construção cotidiana*. 2. ed. Petrópolis: Vozes, 1997.

CANIVEZ, Patrice. *Educar o cidadão?* 2. ed. Campinas: Papirus, 1998. 241 p.

COUTINHO, Carlos Nelson. Cidadania, democracia e educação. In: ALVES, Maria Leila; TOZZI, Devanil A. (Coord.). *Escola: espaço de construção da cidadania*. São Paulo: FDE, 1994. Série Idéias, n. 24.

COVRE, Maria de Lourdes Manzini. *O que é cidadania*. 3. ed. São Paulo: Brasiliense, 1998. 78 p.

CUNHA, Luiz Antonio. *Educação, Estado e democracia no Brasil*. 3. ed. São Paulo: Cortez; Niterói: Ed. da Universidade Fluminense; Brasília: FLACSO do Brasil, 1999.

DALBEN, Ângela Imaculada L. de Freitas (Org.). *Singular ou Plural?: eis a escola em questão*. Belo Horizonte: GAME/FAE/UFMG, 2000. 124 p.

DEMO, Pedro. Elementos metodológicos da pesquisa participante. In: BRANDÃO, Carlos Rodrigues (Org.). *Repensando a pesquisa participante*. São Paulo: Brasiliense, 1984.

DOIMO, Ana Maria. *A vez e a voz do popular: movimentos sociais e participação política no Brasil pós-70*. Rio de Janeiro: Relume-Dumará, Ampocs, 1995.

FERNANDES, Florestan. *Nova República?* 2. ed. Rio de Janeiro: Zahar, 1986.

FERREIRA, Nilda Teves. *Cidadania: uma questão para a educação*. Rio de Janeiro: Nova Fronteira, 1993. 264 p.

FREITAS, Elias José Lopes de. *A implementação da política pública escola plural: as representações sociais dos pais sobre seus princípios de avaliação*. 2000. Dissertação (Mestrado em Educação) – Faculdade de Educação, Universidade Federal de Minas Gerais, Belo Horizonte.

GOHN, Maria da Glória. *História dos movimentos e lutas sociais: a construção da cidadania dos brasileiros*. São Paulo: Loyola, 1995.

GOHN, Maria da Glória. *Movimentos sociais e educação*. São Paulo: Cortez, 1992.

LINHARES, Maria Yedda; SILVA, Francisco C. T. *Terra prometida: uma história da questão agrária no Brasil*. Rio de Janeiro: Campus, 1999.

LUCHMAN, Lígia Helena Hahn. Algumas notas sobre as complexas relações entre movimentos sociais, educação e cidadania. Revista de Ciências Humanas, v. 10, n. 14, p. 31-41, 1993.

MACHADO, Nilson José. *Ensaios transversais: cidadania e educação*. São Paulo: Escrituras, 1997.

MEDEIROS, Leonilde Sérvolo de. *História dos movimentos sociais no campo*. Rio de Janeiro: Fase, 1989.

MIRANDA, Shirley Aparecida de. *O movimento de constituição da Rede Municipal de Ensino de Belo Horizonte (1897-1992): progressivo avanço do direito à educação*. 1998. 140 f. Dissertação (Mestrado em Educação) – Faculdade de Educação, Universidade Federal de Minas Gerais, Belo Horizonte.

OLIVEIRA, Roberto Cardoso de. *O trabalho do antropólogo: olhar, ouvir, escrever*. Revista de Antropologia, São Paulo, USP, v. 39, n. 1, 1996.

SAVIANI, Dermeval. Educação, cidadania e transição democrática. In: COVRE, Maria de Lourdes (Org.). *A cidadania que não temos*. São Paulo: Brasiliense, 1986.

SEVERINO, Antônio Joaquim. Educação, produção do conhecimento e a função social da escola. In: ALVES, Maria Leila; TOZZI, Devanil A. (Coord.). *Escola: espaço de construção da cidadania*. São Paulo: FDE, 1994. Série Idéias, n. 24.

SILVEIRA, Cláudio de Carvalho. Cidadania: uma trajetória de longo curso. In: GONÇALVES, Maria Alice Resende (Org.). *Educação e cultura*. Rio de Janeiro: Owarset, 1999.

SOMARRIBA, Maria das Mercês; VALADARES, Maria Gezica; AFONSO, Mariza Rezende. *Lutas urbanas em Belo Horizonte*. Petrópolis: Vozes; Belo Horizonte: Fundação João Pinheiro, 1984.

TELLES, Vera da Silva. *Direitos sociais: afinal do que se trata?* Belo Horizonte: Ed. UFMG, 1999.

VALLE, Lílian do. *A escola imaginária*. Rio de Janeiro: DP&A, 1997. 200 p.

WEFFORT, Francisco. Formação da cidadania no Brasil. In: ALVES, Maria Leila; TOZZI, Devanil A. (Coord.). *Escola: espaço de construção da cidadania*. São Paulo: FDE, 1994. Série Idéias, n. 24.

DE ESPERA À CONQUISTA:
A FORMAÇÃO PARA A GESTÃO DE USUÁRIOS DOS SERVIÇOS DA REDE PÚBLICA DE SAÚDE MENTAL DE BELO HORIZONTE

Múcio Tosta Gonçalves

> Nós somos homens. Portanto, abismo.
> (NEJAR)

Se a loucura, como a define Pessotti (1994, p. 7), é um "estado individual de perda da razão e do controle emocional", não se pode esquecer de que os loucos na sociedade perdem seu lugar individual de sujeitos autônomos e equivalentes aos ditos normais. Mais ainda, a lógica pela qual a sociedade se mantém (que é a do trabalho) retira dos loucos a possibilidade de participação, pondo-os imediatamente à margem do processo produtivo – ato simultâneo à desqualificação social que eles sofrem.

Ademais, a segregação dos loucos – que obviamente não responde às suas demandas por um tratamento mais humano dos transtornos e do sofrimento mentais dos quais esses sujeitos são acometidos – opera no sentido de subordiná-los a uma realidade que se torna, essa sim, literalmente fora da compreensão, fora de propósito, sem sentido, sem razão.

Valendo-se desse tipo de posição, o presente artigo discute uma experiência de formação e de qualificação "profissional" de um grupo de usuários de serviços da Rede Pública de Saúde Mental de Belo Horizonte, Minas Gerais, para a gestão do trabalho e para a inserção no mercado de bens e serviços. Para tanto, busca entender qual é a dimensão que o trabalho tem na vida dessas pessoas, ponto a partir do qual os usuários formaram um desejo – o da liberdade de construir, com base nas capacidades que possuem, uma alternativa de sobrevivência digna.

O valor do trabalho: de "fim" à condição para a liberdade[1]

De acordo com Marx, o trabalho, como atividade criadora de valores de uso, é uma "condição de existência" humana, que independe da forma assumida pela sociedade. O trabalho é uma "eterna necessidade natural de mediação do metabolismo entre homem e natureza e, portanto, da vida humana" (MARX, 1988, p. 50). E é graças ao trabalho que o homem conseguiu ao menos em parte dominar a natureza, colocando-a ao seu serviço. Mais ainda, o trabalho evolui como atividade destinada a suprir as necessidades humanas em correspondência à própria evolução do homem.

Nessa perspectiva, o desenvolvimento do trabalho é uma condição necessária para a liberdade humana diante dos constrangimentos impostos pelo meio natural. Por isso mesmo pode-se pensar também, distintamente da análise marxista, que o que caracteriza o homem é o fato de ele existir como um "ser-de-necessidade" e como um "ser-de-desejo" (CAVANI-JORGE, 2001, p. 213). Ao longo do processo que origina a superação do primeiro estado por esse último, cria-se uma dependência:

> Esta então se dá porque, primeiro de tudo, o homem precisa do outro para sobreviver e viver. O homem representa. [...] O homem é o último reduto do mito. [...] O homem aspira, e então cria. E o criador usa suas melhores habilidades para fazê-lo, isto é, se especializa. E então troca. O sujeito humano não pode não aspirar, não desejar, não representar. E não trocar. (CAVANI-JORGE, 2001, p. 213)

As trocas que formam a humanidade não são apenas aquelas orientadas pelo estômago ou pelo sexo, mas as originadas da fantasia, como diz Marx ao definir a mercadoria em seu capítulo 1 do primeiro livro de *O capital*. Contudo, e é esse o ponto que interessa nesse momento preliminar da discussão a ser empreendida, Marx também percebeu que, ao longo da História, o trabalho que dá identidade aos homens assumiu características distintas, exatamente porque os homens que produzem os bens materiais, alguns indispensáveis à sua existência,

---

[1] Essa denominação não pode ser entendida no sentido que o pensamento liberal empresta ao trabalho como direito. Em outro momento, será discutido mais adequadamente o seu significado, que guarda relação com a proposição de Hannah Arendt sobre o sentido da política.

não se realizam como seres humanos em suas atividades em muitos momentos do desenvolvimento da sociedade.

Ou seja, o trabalho pode ser tido, a um só tempo, como instrumento do desenvolvimento humano e como seu grilhão. Essa contradição explica-se pelo caráter ou pela forma assumida pelo trabalho na sociedade capitalista: a de mercadoria. Mais especificamente, pelo fato de essa mercadoria, como qualquer outra, ser dotada de uma dupla natureza – a que decorre do seu caráter útil e a de ser possuidora de valor. Mas o que é único na mercadoria trabalho, contudo, é que ela aparece no valor de todas as mercadorias e confere a todas elas a propriedade de ser produtos do trabalho.

Se de um lado a observação de que o trabalho é um produto que se separa do seu "proprietário" é um elemento importante para pensar a natureza dessa atividade ao mesmo tempo individual e social, essa questão é ainda mais central para o argumento de Marx, dado que, segundo ele, sob o capitalismo ocorre uma descaracterização das mercadorias como produtos do trabalho humano, já que não se conhece apenas o que foi produzido, e não necessariamente quem produziu. O valor das mercadorias, portanto, parece residir nelas mesmas.

O trabalho, como processo simultaneamente libertador e criador, não é reconhecido na compra das mercadorias, e sim no valor delas; logo, ele se torna valor agregado por alguém a algum objeto, o que exige pensar também em quem o vende. No capitalismo, distintamente do passado, o trabalho tornou-se uma mercadoria, já que sua disponibilidade para a produção dos objetos que atenderão às necessidades humanas depende da sua venda, e isso ocorre porque ele se tornou a única fonte de sobrevivência daqueles que só o possuem.

Para a análise de Marx, a natureza e o sentido do trabalho no capitalismo são distintos também porque, sendo o exercício do trabalho (em qualquer sistema econômico) um dispêndio de energia, é somente sob o capitalismo que a força de trabalho humana torna-se fonte de valor. Nesse sentido, o valor é um fenômeno puramente social, e não natural, na medida em que o uso do trabalho (por meio da contratação de uma força de trabalho) é destinado a produzir não somente objetos de uso, valores de uso, mas gera um valor abstrato, o qual depende da expansão da produção e do consumo capitalistas.

Segundo a lógica da organização capitalista do trabalho, os trabalhadores produzem bens que não lhes pertencem e cujo destino escapa ao controle. Desse modo, esses sujeitos sociais particulares não se reconhecem nos produtos dos seus trabalhos. As mercadorias se apresentam diante dos trabalhadores como objetos estranhos, e não como resultado de sua capacidade de modificar a natureza.

Por outro lado, ao vender a sua força de trabalho, o trabalhador torna-se igual às mercadorias que produz. Para Marx, isso corresponde a uma coisificação, uma "apropriação" do trabalhador e do trabalho pelo capital. Ou seja, as relações de produção capitalistas de certo modo encobrem as características sociais do trabalho humano produtor de mercadorias, caracterizando o que Marx denominou de "fetichismo da mercadoria".

Para Marx, o trabalhador se torna mais pobre quanto mais objetos produz, o que se explica pelo fato de ele produzir também a si mesmo como mercadoria. Ao executar o seu trabalho, e ao mesmo tempo em que dá ao seu trabalho as formas dos objetos que produz, o trabalhador se vê privado da condição de produtor. A mercadoria, "exteriorizada", aparenta ser um objeto alheio ao seu criador, e os produtos da atividade do trabalhador parecem se tornar autônomos, dotados de vida. Assim, quanto mais produz mercadorias, mais o trabalhador é destituído de objetos e, portanto, tanto menos ele mesmo é um sujeito autônomo. E as mercadorias produzidas, exteriorizações do trabalhador, assumem uma existência independente dele e alheia a ele (MARX, 1988).

Mas esse estranhamento só é possível porque o produto do trabalho (que não pertence aos trabalhadores) pertence a outros tipos de homem, que se apropriam de parte do trabalho operário. Esse outro tipo social, o capitalista, proprietário dos meios de produção. Marx, em 1865, publicou o livreto *Salário, preço e lucro*, no qual perguntava de onde provém o fenômeno, singular, de que no mercado encontrem-se de um lado um grupo de compradores, possuidores de terras, máquinas e matérias primas, todas essas coisas que são produto do trabalho, e de outro lado um outro grupo, de vendedores, que nada possuem para vender a não ser a sua força de trabalho? Para Marx, o problema a resolver era o de saber como um dos grupos, o primeiro, compre constantemente para enriquecer-se, realizando lucro, enquanto o outro, o dos trabalhadores, venda constantemente para apenas "ganhar o pão de cada dia"?

A despeito do mérito e até mesmo do resultado a que chegou Marx para esse problema (a chamada acumulação primitiva, uma série de processos históricos que resultaram na separação original entre o trabalhador e os seus instrumentos de trabalho), a questão é que esse estado de coisas se mantém e se reproduz em escala ampliada no capitalismo. E isso porque o que os trabalhadores vendem não é diretamente o seu trabalho, mas a sua força de trabalho, cedendo temporariamente ao capitalista (por meio de um contrato) o direito de dispor dela.

É daí, pois, que resulta o valor da força de trabalho, que é determinado como os de quaisquer outras mercadorias, isto é, pela quantidade de trabalho necessário para produzi-la. Tendo em vista que a mercadoria força de trabalho humana consiste na sua "individualidade viva", o seu valor é determinado pelo valor das mercadorias necessárias para produzi-la, mantê-la, desenvolvê-la e reproduzi-la. Ou seja, o valor do trabalho nada mais é que o valor da força de trabalho, medido pelos valores das mercadorias necessárias à sua manutenção no tempo e no espaço.

Mas como os trabalhadores só recebem os pagamentos devidos pela venda do seu trabalho (força de trabalho) – ou os seus salários –, depois de realizarem o trabalho, e como, ademais, eles sabem que o que entregam aos capitalistas é o seu trabalho, obtém-se daí um resultado fundamental para o entendimento da natureza das relações entre capitalistas e trabalhadores, de acordo com Marx: ainda que só se pague uma parte do trabalho diário do operário, enquanto a outra parte fica sem remuneração, e ainda que esse trabalho não remunerado ou sobretrabalho seja precisamente o fundo de que se forma o lucro (ou a mais-valia), parece que todo o trabalho é sempre trabalho pago. E é exatamente essa aparência enganadora que distingue o trabalho assalariado das outras formas históricas de organização do mercado de trabalho.

Essa problemática, sobretudo a que emerge da discussão sobre a distinção entre os valores do trabalho e os da força de trabalho, resolveu uma questão fundamental da economia política clássica: a de como o trabalho gerava mais valor, pressupondo-se que as trocas realizadas no mercado eram entre produtos equivalentes. Do ponto de vista do presente artigo, as questões apresentadas anteriormente são importantes porque resgatam a noção, oriunda da análise de Marx e de muitos marxistas, de que a força de trabalho não pode ser tida simplesmente como uma categoria econômica, que expressa uma dada relação de dominação do capital sobre o trabalhador.

Claro que, ao tratar da questão do trabalho no capitalismo, não se pode olvidar esse aspecto. Não é possível, porém, também ver o trabalho e as relações de trabalho como uma esfera isenta de contradições, sobretudo aquelas relacionadas ao processo de valorização mercantil e à produção da sociabilidade capitalista, o que envolve os aspectos subjetivos do processo de trabalho. Isso requer, antes de tudo, reconhecer que o uso da força de trabalho não é apenas simples dispêndio de força física, desempenho de atividades manuais ou de trabalho simples. Fosse assim, estariam corretas as concepções que propõem que graças aos progressos da automação (na medida em que eliminam ou reduzem drasticamente o trabalho imediato) está em curso o fim da sociedade do trabalho.

Interessa ressaltar, pois, que sob o capitalismo o trabalho ou o uso da força de trabalho para a produção de mercadorias tornou-se um fim em si mesmo, na medida em que foi eleito como o suporte e como a forma para a **valorização** do capital-dinheiro. Só por isso, e não por razões objetivas inerentes ao e/ou decorrentes do processo de produção, todos os produtos são produzidos como mercadorias.

Assim, quem quer que seja, se deseja sobreviver nessa sociedade, tem de **vender** a sua força de trabalho. Quem não consegue vendê-la "é considerado 'supérfluo' e é jogado no aterro sanitário social" (Gupo Krisis, 2003). Mas vender o trabalho ou a força de trabalho significa, também, aderir à civilização e aceitar as dores que o abandono de um suposto e idílico "estado de natureza" carregava consigo. Do ponto de vista estritamente econômico, o trabalho parece então ter sabor de castigo, já que é um sacrifício em que nós, humanos, movidos pelo desejo de satisfazer nossas necessidades, temos de incorrer para alcançar o prazer desejado. Assim, o trabalho pode ser lido também como uma espécie de instrumento por meio do qual opõem-se o mundo real civilizado e as ilusões.

Castigo, corretivo, instrumento para moldar o caráter, meio de obtenção de prazer, o trabalho, portanto, civiliza. E parte desse resultado obtém-se por meio do mercado, instituição social de alocação de bens e serviços e sua correspondente remuneração (por espécie ou não), que no capitalismo adquiriu feição especial.[2] Por sua vez, mesmo quem consegue vender sua força de trabalho não está livre de constrangimentos, já

---

[2] Para uma discussão sobre essa e outras questões relacionadas ao processo de formação do(s) mercado(s) e, em especial, sobre a constituição da moderna sociedade de trocas, consultar Polanyi (1976).

que vivemos em uma sociedade na qual o trabalho é cada vez mais apresentado como supérfluo, seja porque não é reconhecido mais como o elemento central de uma ética da ação individual ou o que se relaciona com isso, seja porque existem cada vez mais "macjobs".[3]

Isso se relaciona com as transformações radicais que foram produzidas ao longo do último século na natureza e nos papéis dos atores sociais do "mundo do trabalho", que envolvem a produção de novos significados para o trabalho, baseado na alteração do perfil do trabalhador, na "formalização da informalidade" e nas conseqüências que isso tem para a construção da (nova) subjetividade dos trabalhadores e de novos perfis do sofrimento e do desgaste humanos dos trabalhadores (BIALAKOWSKY; HERMO, 1995).

Ademais, essa questão da produção de um novo perfil do trabalhador e do seu desgaste num mundo que se apresenta como "sem trabalho para todos" relaciona-se também com a destruição de alguns marcos legais protecionistas do trabalho (tais como a contratação por tempo indeterminado, o emprego como forma de ocupação universal, o salário – direto e indireto – como tipo generalizado de remuneração pelo trabalho, a limitação da jornada de trabalho, a interlocução do capital e do Estado com o coletivo sindical, em suas variadas formas mais ou menos democráticas etc.) (BIALAKOWSKY; HERMO, 1995; ESPING-ANDERSEN, 1998; ANTUNES, 1999).

Como conseqüência, a partir dos anos 1990, criou-se um perfil no qual as questões do trabalho e da ocupação passaram a ser, e vem sendo, enfrentadas, o que até significou a produção de novas dimensões de produção e uso do tempo e do espaço. Entre essas mudanças, destacam-se: a ocupação limitada e a formação de novas identidades, pela maior presença feminina e de jovens no mercado de trabalho; a redução do espaço da fábrica e o aumento do trabalho realizado em domicílio e do trabalho em tempo parcial; a introjeção da pobreza como

---

[3] Neologismo criado por Douglas Coupland em seu livro *Generation X*: tales for an accelerated culture (1991), para descrever os empregos precários e mal pagos típicos das sociedades industriais. A obra é uma sátira social baseada na trajetória de três jovens que saem de Palm Springs, um universo hipermercantilizado, para descobrirem-se a si mesmos. Ao longo das histórias que contam, eles demonstram como a sua geração vive uma vida sem esperança que se mantém apenas por isso mesmo, já que a única esperança é deixar para trás o que viviam e tentar encontrar outra vida nova, sem as ostentações da sociedade moderna.

dimensão subjetiva e a tendência à "privatização" dos conflitos sindicais (ESPING-ANDERSEN, 1998; ANTUNES, 1999).

Tais novas dimensões representam um desafio para a compreensão das relações de trabalho e para a construção de um padrão de relacionamento social centrado no trabalho (ou que herde a sua centralidade) e que vá além do modelo de organização do trabalho industrial (conforme originalmente pensou OFFE, 1989[1982]). É a partir daí que se pode, também, pensar sobre os três fatores que são utilizados amplamente para explicar a "desvalorização" do trabalho, a saber: os efeitos da globalização; a desregulação da economia e especialmente do mercado de trabalho; a concentração dos empregos no setor de serviços (BIALAKOWSKY; HERMO, 1995; ESPING-ANDERSEN, 1998; ANTUNES, 1999).

Contudo, essa "desvalorização" do trabalho não nega ou impossibilita o uso, pelos trabalhadores, de uma de suas principais qualidades como fornecedores de trabalho (ou de força de trabalho): a mobilidade. Essa característica dos trabalhadores (ou da força de trabalho) permite que a criação de postos de trabalho seja em parte também resultado das ações dos trabalhadores, especialmente daqueles que atendam e aceitem o perfil do mercado de trabalho.

Essa situação, não obstante, depende da aceitação de condições de trabalho e de salários cada vez piores e combina-se com um aumento da pobreza – que não é, nesse sentido, subjetiva. Mas o problema mais grave é a duração dessas situações sociais combinadas. Ou seja, o cerne da questão encontra-se nas tendências de "marginalização", de "exclusão" e de polarização crescentes que se instalam na sociedade.

E é a partir daí, portanto, que se deve pensar um novo referencial para valorizar o trabalho, que deve ser o da ruptura com a lógica de mercantilização do trabalho e do trabalhador. E é aí que se insere uma experiência da organização produtiva de um grupo de usuários de serviços de saúde mental em Belo Horizonte, objeto deste artigo.

O mercado do sujeito contra o sujeito do mercado?
A experiência da constituição da Associação de Trabalho e Produção Solidária (Suricato)

A questão da organização da produção em uma base solidária relaciona-se, diretamente, com o problema da inserção social de categorias vulneráveis de trabalhadores[4] no mercado, por um lado, e na construção de novas bases norteadoras da troca, por outro. No caso específico de pessoas portadoras de transtornos mentais, especialmente numa situação em que a internação em manicômios deixou de ser uma das principais alternativas para reabilitar ou "tratar" a loucura, parece ser realmente possível pensar uma estratégia de "inclusão" pela via da constituição de um empreendimento solidário fundado no trabalho. A questão, porém, é um pouco mais complicada, exatamente por causa dessa característica particular dos sujeitos que ora buscam constituírem-se como membros do mercado que se pôs contra eles.

Conforme sugerem Valladares *et al.* (2003), a proposta de tratamento ou reabilitação do louco não pode ser compreendida como uma reconstituição de um "estado anterior" de normalidade – o que quer que isso signifique, penso –, mas como um processo de reestruturação da autonomia desses sujeitos e de seus papéis na sociedade. Nesse sentido, atendendo ao disposto no processo de reforma psiquiátrica brasileira, a intervenção em favor dos portadores de sofrimento mental deve buscar a "desinstitucionalização" como forma de "reabilitar o contexto", ou seja, restituir a "subjetividade do indivíduo na sua relação com as instituições sociais, ou melhor, a possibilidade de recuperação da contratualidade" (ROTTELLI; AMARANTE, 1992 *apud* VALLADARES *et al.*, 2003, p. 2).

Nesse sentido, ainda segundo as autoras anteriormente citadas, a reabilitação psicossocial deve incluir três "vértices da vida de qualquer cidadão: casa, trabalho e lazer". Uma possibilidade apontada pelas autoras é a organização do trabalho em torno de oficinas terapêuticas, que podem ser realizadas de três modos: como espaço de criação (artística e para experimentação constante); espaço de atividades manuais (para a produção de bens para troca); espaço de promoção de interação da convivência entre os clientes, os técnicos, os familiares e a sociedade (1992, p. 2).

Contudo, o uso do trabalho como instrumento de reabilitação não deve ser reduzido à mera inclusão em atividades lúdicas, "recreativas" ou simplesmente recuperadoras de capacidades ou habilidades físicas e intelectuais, mesmo que de algum modo subordinadas a algum tipo de "interação". A utilização do trabalho nessa terapia deve ser pensada

---

[4] O universo dos sujeitos que se envolvem e participam de experiências de organização do trabalho e da produção alternativa à lógica capitalista envolve não só trabalhadores no sentido estrito do termo, mas aqueles outros sujeitos que talvez nunca tenham participado formalmente do mercado de trabalho. Contudo, para simplificar a descrição e a discussão do tema deste artigo, far-se-á referência ao grupo de participantes de experiências associativistas como sendo trabalhadores.

antes como uma saída individual e social para pessoas que possuem limitações, o que é não menos importante, de inserção no coletivo. Se o trabalho deve ser visto como saída, a prática da sua organização deve buscar a associação ou a cooperação como princípios norteadores.

Se o trabalho deve auxiliar a quebrar o monopólio do hospital no tratamento da loucura, então ele deve ser pensado como ferramenta que aumenta a autonomia e o poder dos usuários dos serviços de saúde mental, promovendo a "valorização do poder contratual dos pacientes nas instituições e do seu poder relacional nos contatos interpessoais na sociedade" (VASCONCELOS, 2000 apud VALLADARES et al., 2003, p. 3).

Esse ponto é fulcral: como demonstra Tenório (2000, p. 125), a fundação cartesiana e iluminista da razão e a hegemonia desta última na constituição do sujeito tornou o louco "porque desprovido de razão, incapaz de discernimento quanto ao contrato social". Mas se a sua inadequação ao contrato não caracterizava desobediência, era necessária a sua reclusão por ser "desarrazoado". Isso significa que a participação do louco no mundo do trabalho é, por definição, impossível, já que ele não dispõe dos atributos capazes de torná-lo apto a assinar os contratos – inclusive o de trabalho.

Por isso, a promoção da autonomia e do *empowerment*[5] dos loucos não pode, pois, ser pensada exclusivamente com base em uma ação técnica e/ou tecnológica – seja ela oriunda da comunidade psi (psicólogos, psiquiatras, terapeutas ocupacionais etc.), seja ela oriunda da comunidade de outros agentes de saúde, seja ela ainda oriunda da comunidade de outros interessados.

De nada adianta, então, apontar o cooperativismo ou o associativismo como únicas saídas para a inserção no mercado, como se os valores vinculados a essas duas estratégias fossem, por si sós, suficientes para resolver as contradições decorrentes das regras sociais capitalistas, sobretudo aquelas que cercam o trabalho. O risco, ao aceitar sem

---

[5] *Empowerment:* pode ser entendido "como um processo de reconhecimento, criação e utilização de recursos e de instrumentos pelos indivíduos, grupos e comunidades, em si mesmos e no meio envolvente, que se traduz num acréscimo de poder – psicológico, sócio-cultural, político e econômico – que permite a estes sujeitos aumentar a eficácia do exercício da sua cidadania". A construção desse processo, por sua vez, pode ser definido como "um caminho que visa a libertação dos indivíduos relativamente a estruturas, conjunturas e prática culturais e sociais que se revelam injustas, opressivas e discriminadoras, através de um processo de reflexão sobre a realidade da vida humana" (PINTO, 1998).

crítica o associativismo ou o cooperativismo, é o da substituição de uma alienação por outra (isto é, a que é promovida pelo e no mundo do trabalho, da qual alguns só escaparam ou escapam pela senda da loucura).

Assim, a utilização do trabalho como instrumento terapêutico somente pode ser pensado dentro de outra pedagogia, uma que leve em conta precipuamente a capacidade contributiva desses sujeitos para com eles mesmos – quanto eles podem – e quantos deles podem ou conseguem – produzir? Para quem desejam produzir?

Afinal, autonomia representa um conjunto de "valores e experiências sociais que têm como centro o princípio da livre determinação do indivíduo, de um grupo específico ou de um conjunto político maior" e, nesse sentido, "significa a condição de o sujeito determinar-se por si mesmo", sendo capaz não apenas de agir, mas de definir a(s) lei(s) que rege(m) a sua ação. Destarte, "o princípio da autonomia supõe a reformulação do poder da empresa, do esquema tradicional da autoridade e do seu corolário (disciplina fabril). [...] Autonomia refere-se, portanto, às situações de enfrentamento às formas econômicas e sociais dominantes" (CATTANI, 1997, p. 27-28).

A organização associativista ou cooperativista de trabalhadores como alternativa de tratamento para os serviços de saúde mental, assim, deve ser mais do que um mecanismo de promoção da "inclusão" dos usuários no mercado de trabalho ou nos "mundos" da produção e da circulação de mercadorias – na medida em que isso não necessariamente romperia com a estrutura alienadora e dominadora do trabalho.

O que tais experiências de organização solidária do trabalho e da produção devem buscar, pois, é a inserção desses sujeitos, usuários de serviços de saúde mental, no mundo dos contratos sociais, o que é negado a eles por causa da sua "deficiência" e conseqüente incapacitação para a cidadania.

Em especial, a organização de coletivos de trabalho associativista ou cooperativista refere-se à inserção de tais sujeitos no mundo do trabalho, tanto porque é para eles difícil (se não impossível) conseguir e manter empregos, bem como produzir, valendo-se de um trabalho que não seja alienante. Conforme sintetiza Bichaff (2001, p. 165), a atividade de trabalho no hospital psiquiátrico e nos serviços substitutos[6] é distinta:

---

[6] Por serviços substitutivos, entendem-se aquelas estratégias não manicomiais que buscam envolver os usuários dos serviços de saúde mental segundo os princípios da Reforma Psiquiátrica: são os Centros de Convivência, Centros e Núcleos de Atenção Psicossocial (CAPS e NAPS), Centros de Referência em Saúde Mental etc.

> No modo asilar é marcada a relação servil e alienante, em que pacientes são utilizados como mão-de-obra barata. Nos serviços substitutivos, o trabalho tem sido utilizado como estratégia reabilitadora e entendido como possibilidade de produção de valor, recurso este que permite as trocas sociais. Observa-se, ainda, a possibilidade de resgate de cidadania na sua vertente de contrato de trabalho, que possibilita a experimentação em moldes mais flexíveis, num ambiente protegido pela instituição, onde a remuneração e a responsabilidade são fundamentais.

Argumento interessante para situar a raiz dessa distinção e dos problemas que ela acarreta para as alternativas de organização solidária do trabalho de usuários de serviços de saúde mental é apresentado por Lobosque (2001). Segundo a autora, a instituição hospitalar psiquiátrica, não obstante tenha "inegável nocividade social" e embora venha sendo avaliada como devendo ser extinta, não encontra um caminho que permita a sua efetiva eliminação (o que, aliás, favoreceria sobremaneira as implicações daí decorrentes, tais como a criação de outros serviços e práticas).

Ainda segundo essa análise, de um lado as dificuldades em extinguir os hospitais psiquiátricos esbarra em razões de natureza econômica e política, mas o principal é que, "por parte dos hospitais psiquiátricos públicos, e em muitos segmentos ligados aos serviços substitutivos – NAPS, CAPS, Cersams –, encontramos muitas vezes grande relutância diante da perspectiva do fim do hospital" (LOBOSQUE, 2001, p. 55). Para a autora citada,

> esta relutância ... parece muito ligada a uma função ainda exercida pela figura do hospital: aquela de uma instituição de ensino. Estas instituições podem resistir a uma certa vertente organicista e reacionária da psiquiatria, seja colocando limites aos seus abusos mais evidentes, seja acolhendo outros discursos, como a psicanálise, a psiquiatria social etc.: todavia, busca-se legitimar a todo preço sua continuidade de *centro* hospitalar, pela via da sua importância enquanto *centro* de ensino.
> O ideal do centro de ensino nos tenta: é respeitável, parece nobre. Contudo, quando presos a ele, recaímos, novamente, na armadilha de pretender construir um saber sobre a loucura, ignorando não só o que a loucura nos ensina, mas, sobretudo, os próprios impasses que a sua experiência impõe ao modelo da

razão. Temos, mais uma vez, o louco sob observação, a serviço da constituição de um saber que não é seu e não lhe serve, sem efeitos de impulsionara as vidas nem de abrir as portas.

Esta pretensão a centros de ensino não é, certamente, exclusiva dos hospitais psiquiátricos; ela se reedita e se repete em outros serviços de Saúde Mental, que se querem destacar como centros de excelência, de formação, etc. – como se a formação de saber fosse atributo ou propriedade particular de certas instituições ou estabelecimentos. Portanto, cabe perguntar: um poderoso obstáculo para o fim do hospital psiquiátrico e daquilo que representa não diz respeito a uma certa política do saber?

O hospital psiquiátrico, afinal, é um baluarte indispensável para um saber universalizante que não dispensa jamais a figura do centro, do fundamento, da continuidade; e este saber se opõe, de forma radical, aos saberes descontínuos, pontuais, desobedientes, irreverentes, que se produzem nos serviços substitutivos, quando estes sustentam um convívio real com as experiências da loucura.

A busca de uma nova pedagogia, a da inserção desse tipo particular de excluídos, não pode portanto assentar na "prática" do trabalho como um fim em si mesmo, esperando com isso combinar tratamento médico e "ressocialização". Não deve também pensar que a mera inserção no mercado é o mecanismo central que solucionará as questões do desemprego e da pobreza, posto que tal solução não se revelou fruível inclusive pelos "normais"...

A experiência da Suricato: os passos[7]

No biênio 1997-1998, baseando-se na constatação de que era possível propor nova estratégia de tratamento não alienante, que tivesse relação com o contexto da discussão do movimento antimanicomial brasileiro,[8]

---

[7] A história narrada nesta seção baseia-se em depoimentos de técnicos e usuários dos serviços de saúde mental de Cersam de Belo Horizonte.

[8] O movimento antimanicomial, nascido no bojo do movimento de reforma psiquiátrica brasileira a partir da década de 1970, tem como seu elemento formador a questão da promoção da cidadania dos loucos. Com isso, distintamente das ações reformistas originadas antes de 1970, o que distingue esse movimento é a crítica aos pressupostos da psiquiatria, em especial aos seus efeitos de normatização e controle. Portanto, a crítica ao asilo ou à internação manicomial sobrepujou a idéia da "humanização" dessa instituiçã o psiquiátrica. Para uma análise da formação e desenvolvimento desse movimento, consultar Tenório (2002).

foi criada, no âmbito de alguns dos serviços públicos de saúde mental em Belo Horizonte, uma "Comissão de Cooperativa", destinada a utilizar esse tipo de estratégia organizacional como alternativa terapêutica. Essa comissão, considerada o embrião da Associação de Trabalho e Produção Solidária (Suricato), não foi formada tão espontaneamente quanto pode parecer à primeira vista. Na verdade, ela se constituiu, num primeiro passo, da formulação de um **problema** e de uma **estratégia** do (e para o) movimento antimanicomial mineiro.

Em 1998, dentro do Fórum Mineiro de Saúde Mental (FMSM) e atendendo a uma pressão vinda dos usuários dos serviços públicos, o grupo de técnicos iniciou discussões sobre cooperativismo. Adicionalmente, o projeto de Saúde Mental para o município da Prefeitura de Belo Horizonte (PBH), à luz da experiência do município de Santos (SP), já incorporava a questão do trabalho como alternativa terapêutica. A sistematização científica da questão, com base no trabalho de conclusão de um curso de especialização realizado por uma das técnicas da PBH envolvidas com a luta antimanicomial, despertou ainda mais a atenção para a questão do papel do trabalho como alternativa de tratamento e de inclusão.

Simultaneamente, a questão da geração de renda, o que poderia ser propiciado pela existência e realização de trabalho, apareceu nessas discussões, mais uma vez tendo como marco a pressão dos usuários para que fossem tomadas medidas para a promoção da inclusão. Ao que parece, na verdade esse primeiro passo contou com um "empurrãozinho", motivado também pelo fato de que a abertura de perspectivas por parte dos técnicos gerou expectativas para os usuários...

Em 1999, foi iniciada a primeira experiência de qualificação profissional para os usuários dos serviços, com a formação e a instalação de oficinas de corte e costura, de cabeleireiro, de informática básica (uso de ferramentas de edição de texto), de encadernação e embalagem, de marcenaria e de confecção de salgados e doces. Os cursos foram oferecidos tomando-se por base a inclusão da proposta de formação desses trabalhadores no Plano Estadual de Qualificação/Requalificação Profissional de Minas Gerais (PEQ/MG),[9] que exigia que, além dos conteúdos de

---

[9] O PEQ, de acordo com Teixeira (1998, 1999, p. 59-60), foi "concebido e implementado de acordo com as diretrizes do Plano Nacional de Qualificação do Trabalhador (Planfor) [...] definido como a política pública do governo federal para a qualificação dos trabalhadores brasileiros. Esta política é financiada com recursos do Fundo de

qualificação profissional (habilidades específicas), fosse ofertado conteúdo que habilitasse os trabalhadores para a **gestão**.

Nesse mesmo ano, a presença do administrador da Associação dos Catadores de Papel, Papelão e Material Reaproveitável de Belo Horizonte (Asmare) como instrutor da habilidade gestão gerou a necessidade de "organizar melhor o conhecimento". A inclusão desse treinamento obedeceu, na prática, a uma exigência dos PEQs, cuja premissa é que a formação do trabalhador somente será "integral" se incluir a sua capacitação como gestor ou ao menos detentor das habilidades associadas à administração de um (seu próprio, desejavelmente) negócio.

Na verdade, os técnicos da Secretaria Municipal de Saúde e do FMSM envolvidos com a proposta de usar o trabalho como mecanismo de construção de outro sujeito cidadão formularam essa demanda valendo-se da percepção de que havia necessidade de lidar com um **espaço socioeconômico intermediário** entre a organização do trabalho e da produção e o resultado (terapêutico e econômico) requerido pelos usuários, qual seja: o "mercado".

Tendo em vista os desdobramentos que as questões das relações entre trabalho e mercado apresentam, o FMSM buscou atrair novos participantes para seu "campo". Por estar participando de um trabalho de pesquisa e de assessoria para a Asmare, deu-se exatamente nesse momento a abertura da oportunidade de contato comigo, que substituí o então administrador da Asmare na função de "professor" da habilidade gestão nos cursos de qualificação. A partir das primeiras conversas, ficou acertado que o curso seria formatado **com** e **para** esses técnicos e usuários envolvendo reflexões teóricas sobre a questão do trabalho e do cooperativismo como alternativa dentro do capitalismo.

Como parte da organização dessa qualificação, realizou-se um seminário apresentado por uma equipe de economistas (que abordaram a questão da sociabilidade capitalista e seus processos formadores, numa perspectiva marxista) e por uma psicóloga (Fernanda Nicácio, da Prefeitura de Santos, que tratou do tema "loucura e trabalho"). Parte dessa

---

Amparo ao Trabalhador (FAT) e a sua execução descentralizada para os estados, por meio dos planos estaduais de qualificação e requalificação dos trabalhadores (PEQs), e para as parcerias nacionais firmadas com entidades e instituições representativas da sociedade civil, a exemplo das centrais sindicais e confederações de trabalhadores e empresários". Um dos seus principais objetivos é o de aumentar as "condições de empregabilidade dos trabalhadores no mercado de trabalho".

equipe, especificamente eu e um colega economista, também lecionamos para os usuários sobre a questão da gestão, em turmas que envolviam todos os participantes dos diversos grupos ou oficinas de produção já existentes (corte e costura, informática, lapidação etc.). Daí nasceu o Geracoop, o segundo e decisivo passo na constituição de outro formato organizativo e de aprendizado desses sujeitos portadores de sofrimento mental.

As discussões feitas com os técnicos tiveram como eixo as seguintes perguntas: se há uma relação entre trabalho e loucura, de qual trabalho se fala? Tratamos de emprego ou de trabalho? Ademais, trabalho para quê? A expectativa dos diversos terapeutas e técnicos da Prefeitura Municipal e do FMSM era a de que o trabalho pudesse redimir as pessoas portadoras de sofrimento mental; o debate realizado, porém, apontou para os limites da inserção do trabalhador e do papel transformador **do** trabalho no capitalismo, tanto por causa de sua subordinação quanto por seu caráter alienado.

A avaliação dos resultados foi positiva, uma "grata surpresa" no dizer de uma das técnicas entrevistadas. Essa sensação decorreu, ainda de acordo com o depoimento dessa técnica, do fato de não ter existido qualquer outra experiência anterior como base para a ação que estava sendo desenvolvida e para as suas implicações conceituais e práticas; como dito, "foi invenção da cabeça".

Ou seja, nos cursos de formação profissional oferecidos para os usuários, a presença dos técnicos de saúde mental foi pensada como suporte administrativo e "logístico", e não como apoio psiquiátrico. Não havia um "plano prévio de ação" que apontasse para a reflexão sobre o trabalho. Na verdade, a equipe – membros do FMSM e técnicos da rede pública de assistência à saúde mental de Belo Horizonte – era muito afinada e compartilhava as mesmas dificuldades de pensar uma estratégia não manicomial e promotora de direitos para o tratamento dos usuários.

Em 2000, com base no sucesso já observado pelas experiências iniciadas no ano anterior, foram montadas novas dezessete turmas, com um total de 346 alunos, mais a inclusão das oficinas de lapidação e de produção em rádio e vídeo. Em conseqüência, conforme depoimento colhido, "nós sideramos" (*sic*), foi muita "loucura"; "foi loucura total".

O perceptível era que as pessoas – técnicos e usuários – aproximaram-se e investiram na proposta, porque buscavam uma alternativa ao modelo de tratamento em saúde mental disponível. As incertezas, porém, acumulavam-se. Para os alunos "foi o máximo", mas gerou uma dúvida por parte do corpo técnico quanto ao modo precário de continuar funcionando – de fato, desde o início as oficinas eram realizadas em lugares cedidos e com móveis e equipamentos emprestados por parceiros institucionais, que atendiam até a um público similar em termos da vulnerabilidade social e econômica (catadores, moradores de rua, mulheres, desempregados etc.). Gerou-se, portanto, uma expectativa ainda maior quanto ao trabalho. Mas como responder a essa expectativa? O que se sabia é que não era possível nem permitido decepcionar os usuários, "mas não dava para ir com sede demais" ao pote. Aqui o terceiro passo foi dado.

Em 2001, a partir da realização de uma avaliação que contou com a assessoria do coordenador administrativo da Asmare e da coordenadora da Pastoral de Rua de Belo Horizonte, que providenciaram "um olhar externo", foi então decidido reduzir a oferta de oficinas. As que foram selecionadas – marcenaria, lapidação e corte e costura – tiveram como critérios para eleição o mercado potencial e a organização prévia de cada um dos grupos de produção já existentes nessas especialidades. Baseando-se na percepção dos espaços que poderiam e deveriam ser ocupados no âmbito da formação dessa alternativa terapêutica, a opção feita pela coordenação do trabalho foi a de manter os cursos de requalificação, com os mesmos alunos.

Ainda nesse ano de 2001, foi incorporado um artista a cada grupo, além do monitor que já vinha trabalhando as habilidades e as competências específicas de cada área. Isso prevaleceu em 2002 apenas para os grupos de corte e costura e de lapidação, já que os monitores eram artistas. A partir desse momento, então, consolidou-se um modelo de formação pelo e para o trabalho com vistas à inclusão social e à reabilitação de usuários de serviços de saúde mental, que continua em vigor até o momento.[10]

O acúmulo das discussões que, a partir de 2001, incorporaram formalmente o debate sobre gestão de empreendimentos produtivos solidários levou à formação da Associação de Trabalho e Produção Solidária dos usuários de serviços públicos municipais de saúde mental

---

[10] Isto é, em 2004, quando se produziram as entrevistas que permitiram (re)escrever essa história.

de Belo Horizonte (Suricato).[11] Em seus estatutos, cujos estudo e preparação envolveram todos os usuários que participaram das oficinas e dos cursos das habilidades técnicas e de gestão entre 2001 e 2004, a nova associação definiu como seus objetivos os seguintes:

a) Ter o trabalho como valor, produzindo o que dá prazer;

b) Promover a inserção no social, na cultura, no lazer e direito dos seus associados, cultivando valores éticos e morais, proporcionando melhor relacionamento em ambiente de trabalho digno;

c) Promover pessoas portadoras de sofrimento mental que querem e possam trabalhar na produção de bens e serviços, facilitando sua integração nas relações sociais;

d) Cultivar a mais ampla cordialidade entre seus sócios;

e) Integrar esforços para organizar e promover grupos de produção e geração de renda, através dos princípios do associativismo, do cooperativismo e da economia solidária;

f) Lutar pelo direito ao trabalho do portador de sofrimento mental, respeitando sua singularidade;

g) Divulgar e defender os princípios e propostas do Movimento da Luta Antimanicomial;

h) Defender seus membros em toda e qualquer instância, quando necessário. (SURICATO, 2004, art. 3º)

Essas definições apontam para diversas dimensões do que anteriormente mencionamos como a possibilidade de construção de outro mecanismo de inserção desses sujeitos no mundo do trabalho: o **prazer**, a **dignidade**, a **socialização**, a **cordialidade** e a singularidade foram elevados à condição de **guias** e **referências** para a organização da produção e da entrada no mercado. A possibilidade aqui pensada foi, pois, a de **repensar o mercado**, e não sujeitar-se às suas regras, mesmo tendo que submeter-se à lógica da produção para a troca como requisito para a obtenção da renda – condição fundamental, para esses sujeitos, para ao menos diminuir a dependência social.

Isso fica ainda mais visível quando se observa como os deveres dos sócios (especialmente nas categorias de sócios fundadores e efetivos)

---

[11] Neste artigo não serão abordadas as estratégias que conduziram à formação da Suricato, tendo em vista que o objetivo aqui é o de apresentar uma experiência de formação desses sujeitos num contexto de organização produtiva.

foram formulados: além do respeito às regras legais impostas e àquelas estabelecidas solidariamente por meio do Estatuto Social, os sócios devem "propagar o espírito de solidariedade entre os associados, zelando pelos princípios e patrimônio da Associação", bem como devem "ser solidário[s], cobrindo e ajudando a cumprir a tarefa de um colega que estiver em crise, até que o mesmo tenha condições de reassumir suas funções" (SURICATO, 2003, art. 8º).

Ademais, os artigos 14, 15, 16 e 17, que tratam das **responsabilidades** dos associados da Suricato, estabelecem como princípios normativos autoestabelecidos e impostos que **todos** devem:

a) Cuidar dos instrumentos de trabalho, não os danificando deliberadamente;

b) Manter limpo e bem cuidado o local de trabalho;

c) Trabalhar com empenho, respeitando o horário combinado, contribuindo para o progresso da entidade; e

d) Ter compromisso solidário com os companheiros.

Essas definições, todas estabelecidas em assembléias dos usuários dos serviços municipais, das quais participaram os técnicos da Prefeitura Municipal e do FMSM, foram também objeto de discussão das aulas sobre gestão. Na verdade, dessas sessões também participaram ativamente, durante cinco semanas, entre 2001 e 2004, cerca de vinte "alunos", oportunidade em que foram trabalhados não só os conteúdos relacionados com as questões ditas "práticas" da organização de um negócio para o mercado (a necessidade do planejamento da produção, a propaganda etc.). Na verdade, boa parte da discussão dirigia-se a pensar o status próprio desses sujeitos, percebidos negativamente pela sociedade e pelo mercado e que tinham como objetivo principal usar o mercado para conseguir obter melhorias em sua condição de vida, pela obtenção de renda e de respeito como produtores diretos de sua subsistência.

Junto desse grupo, era possível abordar diretamente as questões das dificuldades relativas à capacidade (individual e coletiva) de organizar a produção, o que é decorrência dos quadros clínicos de muitos. Mais do que isso, esses estados emocionais "falavam" por si mesmos: as perguntas permanentes ("quando vou começar?", "e como fica o trabalho de quem é artista?"), a urgência na obtenção de resultados ("quando vou começar a ganhar dinheiro?"), a intervenção para qualificar competências ("eu sei ganhar dinheiro", "eu sou bom vendedor", "é só expor" ou "é só bater de porta em porta que vende"), todas essas falas apontavam para a constatação de que a gestão ou a administração que eles demandavam não era a dos relatórios ou planilhas ou "métodos" de organização; a demanda era por possibilidades de agir pela competência e pela capacidade disponíveis: daí que outra pergunta permanente e sempre atualizada em sala, durante todo o período, era relativa à avaliação externa dessas possibilidades.

Mesmo assim, no conjunto, alguns dos participantes, notadamente os que se capacitavam tecnicamente nos grupos de produção mais organizados e produtivos, colocavam questões mais "conscientes" sobre os limites da sua capacidade de ação, e desde o início sabiam que a organização de uma cooperativa ou associação não podia ter como único objetivo submeter o trabalho à renda, seja por causa das muitas perguntas já feitas anteriormente, seja pela constatação de que o elemento fundamental a conquistar, usando o mercado como intermediário, era a dignidade.

Também por isso, ao longo dos debates, definiu-se que a associação criada não se utilizaria do tradicional formato organizativo presidencial em sua estruturação. Além disso, foram pensadas as necessidades do grupo envolvido e do público que viria a ser futuramente, e decidiu-se por um modelo de colegiado, no qual os participantes da direção devem estar vinculados a uma das comissões criadas para atender às demandas da nova organização (Comissões de Ética, de Finanças, de Cuidado e Saúde no Trabalho, de Avaliação da Qualidade Técnica e de Comunicação e Divulgação).

A tônica das intervenções nos momentos de discussão é muito clara ao apontar que a solidariedade é o princípio básico da organização – daí a escolha do mamífero africano suricato como símbolo da associação, já que ele vive em colônias baseadas na divisão solidária de tarefas entre todos os membros. A idéia de solidariedade, por sua vez, rechaça a da liderança formal, do gestor que de fora comanda – para os participantes da associação, "deve existir o líder que serve", ou seja, que é capaz de pensar coletivamente e dividir tarefas por meio do planejamento.

Especialmente interessante nessa concepção da gestão é a Comissão de Cuidado e Saúde no Trabalho, que tem como funções, entre outras:

> [...] b) Garantir intervalos de acordo com a atividade e adequação ao ambiente de trabalho de forma a proteger cada trabalhador dos desgastes decorrentes da função exercida;
> [...] d) Promover periódica e sistematicamente momentos de

discussão entre os sócios acerca das condições adequadas de trabalho, legislação específica sobre saúde do trabalhador, equipamentos de segurança etc.

e) Estar atenta às situações de adoecimento, tomando as decisões necessárias ao encaminhamento para o tratamento, assegurando a cada sócio seu retorno, assim que o mesmo estiver em condições;

f) Apresentar à Coordenação Colegiada sugestões sobre como cobrir o colega em suas funções, quando este estiver sem condições de exercê-las por situação de adoecimento. (SURICATO, 2003, art. 40)

Da mesma forma, a Comissão de Formação e Avaliação da Qualidade Técnica contribui com a transformação da noção de trabalho para esses sujeitos ao procurar "promover, elaborar e organizar cursos, debates, seminários buscando o avanço e aprimoramento nas discussões sobre relações de trabalho, gestão, qualidade técnica e demais temas que julgar necessários"; "promover debates, cursos e discussões sobre os princípios e valores da Associação, associativismo, cooperativismo e economia solidária"; e "organizar e acompanhar os cursos 'preparatórios' para o ingresso de novos sócios, bem como acompanhá-los e orientá-los em suas necessidades" (SURICATO, 2003, art. 41, alíneas a, b e d).

O que chama a atenção não é a oferta de cursos, mas a vinculação desses instrumentos à "preparação" para o trabalho assentado em bases solidárias. Essa visão supõe pensar a gestão não como instrumento alheio ao trabalhador, mas como ferramenta para a construção da autonomia. Esse foi um dos princípios mais discutidos e trabalhados durantes as aulas dos cursos de gestão que realizamos conjuntamente. As avaliações feitas sobre o desenvolvimento dessa iniciativa apontaram, entre outras questões, que:

1) Com o Geracoop, sistematizou-se e delimitou-se o objetivo da ação. Conforme disse uma entrevistada, "não dá para ficar nesse processo atirando para todo lado";

2) Na construção do processo e dos objetivos de educação e formação pelo trabalho, o aprofundamento da discussão sobre as questões da inserção no mercado e a eleição da questão da organização do negócio associativista exigiram mudanças;

3) Antes de 2001, os usuários cobravam a formação da cooperativa, vinculando-a à já mencionada questão permanente "quando vou

começar a ganhar dinheiro?" Atualmente, com a fundação da associação, mudou a perspectiva de muitos dos usuários, tal como se manifesta um deles, que ocupa atualmente um cargo na direção colegiada da Suricato: "Essa associação existe, e eu trabalho nela, no grupo de marcenaria";

4) A partir de 2001 os problemas passaram a ser respondidos coletivamente, tendo em vista, sobretudo, a constatação de que "a gente vai precisar começar", bem como a necessidade de responder a perguntas cruciais para um negócio: começar com quem, com que recursos, onde? Simultaneamente, houve também aprofundamento da discussão sobre a importância da construção comum e coletiva do conhecimento sobre gestão, baseado na proposta "participativa" dos cursos realizados pelos usuários.

Um dos primeiros resultados do trabalho coletivo foi a encomenda, recebida em agosto de 2004, para produzir caixas e porta-copos destinados aos participantes de evento comemorativo da luta antimanicomial realizado pela Câmara Municipal de Belo Horizonte, a pedido da vereadora Neila Maria Batista, do Partido dos Trabalhadores de Minas Gerais. A discussão central que essa encomenda gerou para os membros da Suricato foi a da distribuição do resultado financeiro obtido.

Entre aqueles associados havia os que desejavam que todo o "lucro" fosse destinado a pagar os que trabalharam e os que gostariam que a receita fosse totalmente destinada a um "fundo" (passando pelo problema de como saber quem receberia quanto – se pela quantidade de horas trabalhadas ou se pelo valor do bem a ser produzido); por fim, encontrou-se uma solução interessante: 30% dos recursos obtidos foram destinados ao "fundo" e 70% distribuídos igualmente entre os que trabalharam, independentemente de quanto cada pessoa ou grupo contribuiu (sabendo que 50% do trabalho concentrou-se no grupo de costura e 50% nos grupos de marcenaria e serraria).

Essa questão da distribuição coloca diretamente em pauta o problema da finalidade da Associação: se a formação de uma reserva financeira é importante para o desenvolvimento dos negócios, à medida que permite constituir o capital de giro necessário no presente e/ou no futuro, ou se deve haver retenção de parcela significativa dos recursos obtidos em uma operação comercial para um fundo de propriedade coletiva, que é o que está em pauta na Suricato. Isso transforma o planejamento do que fazer com tais recursos e em que momento fazer algo em um problema mais importante para o grupo do que a obtenção do lucro.

Esse é um dos dilemas mais significativos das organizações que, como a Suricato, se inscrevem no campo da chamada economia solidária: diante do objetivo de produzir condições materiais dignas de vida para trabalhadores e aqueles outros sujeitos que talvez nunca tenham participado formalmente do mercado de trabalho e que passam a controlar diretamente empresas ou "negócios", como lidar com a possibilidade de agir conforme as regras mercantis capitalistas, produzindo lucro? Mister dizer que essa questão se coloca porque o lucro é o elemento determinante para a realização do investimento, sendo apontado como o motor dinâmico das decisões dos empresários capitalistas.[12]

Então, o que fazer: produzir para obter lucro **ou** produzir para gerar o bem-estar das e para as pessoas? O que a experiência da Suricato mostra é que esse não é um debate simples, sobretudo porque o que muitas vezes falta aos participantes dessa experiência associativista – bem como para os que participam de outras congêneres – é a percepção do seu lugar na ordem social capitalista. Assim, além da percepção de excluídos ou marginalizados pelo status da loucura ou da doença mental, o que é crucial é a percepção da subordinação e da subsunção a que estão submetidos exatamente por não serem proprietários do capital.

Ademais, voltando à questão do planejamento como estratégia de gestão, outro problema levantado pelos associados da Suricato revela um dos "nós" pelos quais esse tipo de associação está atada: como a produção de resultados financeiros depende de uma estratégia financeira e da adequada formação de preços que contenham esse valor adicional, qual é então o "preço justo"? Assim, na medida que vêem se formando "técnica"

---

[12] Sem desejar aprofundar essa discussão, é importante, porém, explicar que há uma abordagem do funcionamento dinâmico da economia, feita pelo economista polonês M. Kalecki, que conclui que a decisão de investir dos capitalistas é dominada pelo que ele chama de "mecanismo de lucro". Assim, os empresários, ao realizar lucros, efetuam investimentos – e, quanto maior for o lucro obtido, maior será a quantidade de investimento realizado. Na verdade, o capitalista investe os lucros porque esse mecanismo, esse procedimento torna as finanças disponíveis mais facilmente. Todavia, como os lucros são o retorno do capital investido, então a questão central por detrás da decisão de investir é a distribuição da renda entre o capital e o pagamento do trabalho – o que faz com que os capitalistas queiram sempre reter maior parcela de sua receita na forma de lucro e rebaixar os salários.

e politicamente, os usuários dos serviços públicos de atendimento à saúde mental de Belo Horizonte incorporam novas questões ao repertório de ações que devem desenvolver para construir outro futuro. Ao longo desse processo, aprendem também a construir a gestão.

Discutir gestão com quem dela precisa: breve relato de uma experiência pedagógica

As questões previamente apresentadas foram discutidas e observadas durante as aulas ministradas para os grupos que, desde 2001, passaram pelo Geracoop e ainda se encontram nele, e que foram meus alunos. Tais aulas tinham como objetivo a capacitação técnica em habilidades de gestão e pesquisa de mercado, como foi inicialmente definido, mas se concentraram basicamente na discussão sobre a relação entre trabalho, gestão e organização associativista. A abordagem escolhida para a realização dessas foi a combinação de exposição formal, de conteúdo técnico, e estímulo à participação.

O parágrafo anterior, talvez suficiente para sumariar o que foram os cursos realizados com os usuários da saúde mental em relatórios oficiais,[13] expressa, porém, algumas das dificuldades implícitas e explícitas da relação educativa que se estabeleceu em torno das aulas do Geracoop. Em primeiro lugar, pode-se salientar a própria questão da "metodologia" utilizada. Muitas pessoas que vêem mantendo contato com a experiência e que não pertencem ao mundo da educação ou do campo psi acham-na "interessante" ou "legal"; mas a admiração pela empreitada vem sempre seguida da pergunta: como é possível ensinar algo ou qualquer conteúdo para loucos? Afinal, são mesmo doidos, não são?

Essa pergunta impõe uma dificuldade que considero até certo ponto intransponível. Afinal de contas, chamar de louco ou de doido um "portador de sofrimento mental", expressão politicamente correta, não seria incorrer em um deslize, em uma violência contra os sujeitos da ação educativa? Como não pertenço ao campo psi e, portanto, não posso emitir uma opinião "técnica" sobre o assunto, respondo com o que concluí desde que comecei a trabalhar com esse público (a despeito da discriminação e/ou do caráter pejorativo que recobre tais palavras): tem

---

[13] Isso é que a um só tempo desse um caráter formal à existência do conteúdo, exprimindo-o até para fins legais, e o legitimasse como representação "técnica" ou "racional" do conteúdo.

sido possível, sim, dialogar e ensinar algo a esses sujeitos, justamente por causa da sua capacidade de **reflexão**, o que os torna não mais ou não menos do que qualquer outro "estudante normal", independentemente da maior ou menor lucidez que porventura portem.

Nesse sentido, concordo com a opinião de que não é simples ou fácil definir quem é o doente mental, já que essa definição lida não apenas com um fato, mas com as interpretações que se pode dar ao que se chama "doença". Adicionalmente, o problema é que, do outro lado da descrição do que é "a" doença mental, localiza-se alguém que se afirma capacitado, legal e legitimamente, a codificá-la e a classificá-la, segundo juízos e valores que precedem o estado aparentemente "anormal" do louco (para uma abordagem dessa questão, consultar MILES, 1982).

Mesmo assim, é possível dizer que a natureza desses alunos impõe uma limitação à metodologia da aula; afinal, como tentar o diálogo e a transmissão de conhecimentos técnicos baseados nas premissas da racionalidade científica para quem não "possui razão" ou é "alienado"? Mais ainda, se a idéia de reflexão indica o uso da razão, então como aplicar essa capacidade (ou faculdade) a alguém que se afastou daquilo que pode ser considerado um estado normal dele ou dela?

Aqui entendo que a questão central é a da produção de um processo de aprendizagem e de ensino centrado no desenvolvimento da reflexão e da mobilização como mecanismos básicos da capacitação para a gestão. Mesmo porque, como sugerem Abreu & Masetto (1983), o processo de aprendizagem significa a capacitação cognitiva, a produção de mudanças atitudinais e a aquisição de habilidades. Nesse sentido, tão importante quanto as perguntas sobre a capacidade dos alunos e sobre os conteúdos que serão apresentados, é fundamental perguntar **para que** eles aprenderão.

Assim, além de buscar o desenvolvimento cognitivo dessas pessoas, o que interessou no curso sobre gestão para os usuários dos serviços de saúde mental da PBH foi o desenvolvimento delas como sujeitos, tanto individual quanto coletivamente. O que norteou as aulas – que em diversos momentos tiveram que abandonar os conteúdos previamente preparados ou então permanecer estacionadas em uma única questão que incomodava – foi o desenrolar de algumas habilidades em torno da gestão que permitam aprofundar a capacidade de relacionamento com o seu ambiente próprio e com a sociedade, relacionamento esse que será mediado pelo mercado.

Desse modo, quando muitas vezes nas aulas ouvíamos as perguntas sobre questões "práticas" – relativas à necessidade de cumprir com a hora do lanche durante a aula; à dificuldade que alguns que estavam (ou deveriam estar) medicados apresentavam em acompanhar não só o raciocínio como o ritmo da aula; à presença de alguém novo ou desconhecido do grupo e do seu "meio" social etc. –, as respostas dadas por mim ou por algum dos alunos apontavam para como essas questões eram também parte do universo de problemas com os quais eles deveriam lidar na organização e com a organização que fundaram.

Outro problema, sempre presente, é o da ansiedade em torno da resposta tão esperada que também os moveu até o curso: "Quando vamos ganhar dinheiro?" O procedimento reflexivo diante dessa pergunta, sempre o mesmo, acabou por colocar essa questão como dependente de outra, mais ampla: "Como nos organizaremos para sobrepor a busca do nosso bem-estar ao ganhar dinheiro"?

Esta última pergunta, que foi inicialmente respondida pela formação da Suricato, indica que os trabalhadores dessa nova experiência associativista estão buscando somar as habilidades cognitivas e atitudinais presentes nas aulas (e que permitem a transformação da sua condição de produtores diretos de mercadorias) com o desejo de desenvolver a capacidade de tomar as decisões sobre seu futuro como de fato suas, assumindo desse modo múltiplas responsabilidades políticas, sociais e individuais que os tornam infinitamente humanos.

Referências

ABREU, Maria Célia de; MASETTO, Marcos Tarciso. *O professor universitário em aula*. 3. ed. São Paulo: MG Editores Associados, 1983.

ANTUNES, Ricardo. *Os sentidos do trabalho; ensaio sobre a afirmação e a negação do trabalho*. São Paulo: Boitempo, 1999.

BIALAKOWSKY, Alberto L.; HERMO, Javier Pablo. ¿Puede la sociología del trabajo dar cuenta de las nuevas articulaciones laborales? *Revista del Trabajo* (Ministerio de Trabajo y Seguridad Social), Buenos Aires, Año 2, n. 8, p. 13-27, jul./dic. 1995.

BICHAFF, Regina. A percepção do usuário sobre o modelo assistencial. *Conferência Nacional de Saúde Mental*, 3. Brasília: dez. 2001. Caderno de Textos. p. 160-167.

CATTANI, Antônio David. Autonomia. CATTANI, A. D. *Trabalho e tecnologia.* Dicionário crítico. Porto Alegre: Editora da Universidade Federal do Rio Grande do Sul; Vozes, 1997.

CAVANI-JORGE, Ana Lúcia. Um remédio contra a exclusão: maledetta follia? Uma revisão. *Psicologia: teoria e pesquisa*, São Paulo, v. 17, n. 3, p. 211-223, set./dez. 2001.

COUPLAND, Douglas. *Generation X: tales for an accelerated culture.* New York: St. Martin's Griffin: 1991.

ESPING-ANDERSEN, Gösta. La transformación del trabajo. *La factoría*, Barcelona, oct. 1998. Disponível em: <http://www.lafactoriaweb.com/articulos/gosta7.htm>. Acesso em: 21 de maio de 2000.

SURICATO. *Estatuto Social da Associação.* Belo Horizonte, 2004

GRUPO KRISIS. *Manifesto contra o trabalho.* Lisboa: Antigona, 2003. Disponível em: <http://planeta.clix.pt/obeco/>. Acesso em: 10 de dezembro de 2000.

LOBOSQUE, Ana Marta. Hospitais psiquiátricos X serviços substitutivos: saberes em confronto. *Conferência Nacional de Saúde Mental*, 3. Brasília: dez. 2001. Caderno de Textos. p. 54-58.

MARX, K. *O capital: crítica da economia política.* 3. ed. São Paulo: Nova Cultural, 1988. Coleção Os Economistas, v. I.

MILES, Agnes. *O doente mental na sociedade contemporânea.* Rio de Janeiro: Zahar, 1982.

NEJAR, Carlos. *O pai das coisas.* Curitiba: L&PM, 1985. p. 49.

OFFE, Claus. Trabalho: a categoria sociológica chave?. In: OFFE, Claus. *Capitalismo desorganizado.* São Paulo: Brasiliense, 1989.

PESSOTTI, Isaias. *A loucura e as épocas.* Rio de Janeiro: Editora 34, 1994.

PINTO, Carla. Empowerment: uma prática de serviço social. *Política Social – 1998.* Lisboa: ISCSP, 1998. p. 247-264.

POLANYI, Karl. El sistema económico como proceso institucionalizado. In: GODELIER, M. *Antropología y economía.* Barcelona: Anagrama, 1976.

ROTELLI, F.; AMARANTE, P. Reformas psiquiátricas na Itália e no Brasil. Aspectos históricos e metodológicos. In: BEZERRA, B.; AMARANTE, P. (Org.). *Psiquiatria sem hospício.* Rio de Janeiro: Relume-Dumará, 1992.

A MORADA DO EDUCADOR: ÉTICA E CIDADANIA*

Amauri Carlos Ferreira

> O nascimento latente do mundo
> dá-se a partir da morada.
>
> (E. LÉVINAS)

A morada do educador é ontologicamente ética e política. Fugir a essa dimensão é trair-se conquanto pessoa. A articulação desses dois termos, no ato de educar para a vida, convoca-nos a refletir sobre o prazer e a dor de conduzir o outro a caminhos possíveis do exercício de sua liberdade. Nessa direção, aprender a se tornar sujeito exige persistência, uma vez que o formar-se para a vida é a longo tempo. Educa-se durante a vida inteira, e ao educar corre-se o risco de errar. Faz parte da condição humana o erro, é a *Falha persa*[1] que se registra a cada dia na tapeçaria da existência.

No entanto, a arte de educar pode transformar-se em fruição. A fruição que se manifesta ao se sentir parte do jogo do mundo. Nesse sentido, a fruição do educador é coletiva, já que está ancorada na aprendizagem de valores possíveis. Não haveria espaço para um educador que pensasse somente em si mesmo. Seu dever é para além das fronteiras do seu egoísmo. É disposição, realização em processo. Ao se deixar fruir, a escolha de ser educador transforma-se num ato generoso de

---

*Texto elaborado com base na aula inaugural Ética e Educação (março de 2003), proferida para o curso de Pedagogia da PUC Minas. Artigo publicado em 2006 no periódico Educação em Revista-UFMG.

[1] A fábula da Falha persa está ligada aos tapetes. O discípulo deseja aprender a tecer tapetes, e o mestre o ensina. O discípulo tece tapetes perfeitos, mas o mestre os desmancha. Faz vários, e o mestre continua desmanchando. Cansado de tecer tapetes, o discípulo volta-se para o mestre e diz: – "Mestre, o senhor me ensinou a tecer tapetes. Teço tapetes com grande perfeição e o senhor os desmancha. Por quê?" O mestre olha para o discípulo e diz: – "Perfeito só Deus. Todo tapete persa possui a falha. Para indicar que somos imperfeitos".

solidariedade para com aqueles que não são escolhidos. Não se escolhe filhos, alunos, fiéis, colegas. Escolhe-se mediante um objetivo que ultrapasse a realização individual. Quando há escolhas, há possibilidades de acertos e erros.

Dessa forma, a ousadia de educar para além do agora se transforma em fruição, visto que, ao se compreender que a aprendizagem ética é a longo prazo, seu desdobramento no espaço da cidade requer tempo. Assim, não há espaço para o educador que não se permite ser autônomo, ser sujeito e ser livre. Não há fruição para quem não cultive a sensibilidade de estar cuidando de sua formação para um desdobramento futuro.

Ao se escolher essa árdua tarefa de educar, é preciso cuidar da interioridade e de sua extensão. Para que ocorra fruição, é preciso compromisso com o outro. Nesse sentido, o lugar do educador expressa uma dialética possível da interioridade ética e de sua exterioridade política.

A morada do educador

A morada do educador, no que se refere à ética, necessita de um olhar que percorra os subterrâneos de nossas escolhas e atitudes, retirando excessos que o impeçam ver o caminho. A verdadeira sabedoria consiste em se aprender a olhar para o que já passou, excluir excessos e dar forma ao conteúdo do vivido.

Ao se pensar a ética como morada do educador, deve-se cultivar o exercício da reflexão, tomando por fundamento o que significa ser um sujeito autônomo: aquele que, ao escolher ser justo, escolhe em relação ao outro.

A categoria sujeito, como elemento indissociável da autonomia moderna, remonta ao século XVIII. O século XIX aos poucos vai configurando seu estatuto à medida que o projeto iluminista é interpelado, em suas bases estruturantes, por pensadores como Nietzsche, Marx e Freud, não lidos, entretanto, em sua época. O sujeito, com seu caráter autônomo, liga-se ao conceito de cultura. Segundo Manfredo Araújo de Oliveira,

> A autonomia é conceito chave da modernidade, apesar de ser também categoria com uma longa história. Em sua origem grega, ela significou a meta das cidades-estados de poderem determinar suas questões próprias na independência

de poderes estranhos. Na modernidade, na época das guerras de religião, ela exprimia a pretensão de uma autodeterminação religiosa-confessional. Kant a introduziu na esfera da reflexão filosófica e através disto lhe deu a determinidade de exprimir aquilo que o homem tem de mais próprio e que, assim o distingue dos demais seres. A autonomia significa, a partir de então, a capacidade e a tarefa que caracteriza o homem como homem, ou seja, de autodeterminar-se e de autoconstruir-se em acordo com as regras de sua própria razão. (OLIVEIRA, 1995, p. 119-120)

A escola passa a ser qualificada como o espaço de realização do ser humano, que só se concretiza no exercício de sua ação ética. Esse exercício pressupõe a liberdade. É no século XVIII que a atenção dada à escola e à educação volta-se para a ação de ensinar. I. Kant (1724-1804), em seu ensaio *Sobre a pedagogia*, entendia a educação como o cuidado da infância do ser humano (a conservação, o trato), desdobrando-se na disciplina e na instrução que alicerçam a formação. Afirmava que um dos problemas da educação seria o de se conciliar a submissão ao constrangimento das leis com o exercício da liberdade (KANT, 2002, p. 32). Ainda hoje aquelas três categorias – cuidado, disciplina e instrução – são fundamentais para a formação do sujeito livre. Ao se pensar na educação como um exercício da liberdade, torna-se preciso estar aberto a valores novos e à prática da reflexão.

Todavia, há o desafio do exercício da prática da liberdade no espaço da escola, já que somos o que pensamos e vivemos. Se as instituições de formação (família, religião, escola, entre outras), ao se organizarem, agirem apenas como portadoras de normas que estabeleçam limites, sem diálogo e reconhecimento das diferenças, a violência se objetiva. Ela é o reflexo do que se vive quotidianamente. Nesse sentido, há necessidade intrínseca de se procurar educar para a vida, não se eximindo do conflito. A convivência com o outro implica reciprocidade, donde o conflito está subjacente ao processo de ensino/aprendizagem.

O conflito, considerado como desordem, pode possibilitar a instauração de uma ordem imposta que poderá não estar centrada em nenhuma das partes. Ele não se resolve pelo estabelecimento de um ponto comum que satisfaça provisória e parcialmente às partes envolvidas. Mas, sim, numa construção que permita a efetivação de uma lei comum.

O educando, ao interiorizar as normas morais, decide sobre sua aceitação ou recusa, instaura dentro de si o que representa um processo de avaliar a decisão a ser tomada. Nesse processo, a recusa da norma instituída pode criar situações de conflito. Segundo Lima Vaz, "o conflito deve pois ser caracterizado fundamentalmente como conflito de valores e não como revolta do indivíduo contra a lei" (LIMA-VAZ, 1988, p. 31).

Por se considerar a lei moral necessária à organização sociocultural, a mudança da mesma só ocorre quando a transgressão ao que está posto implica um processo radical de transformação dos valores. Recusar normas impostas e procurar novas possibilidades de se estar bem no mundo, consigo mesmo e com outro, é o ideal da ação ética.

É nas fronteiras do relacionamento com o outro que o conflito se pode instaurar num processo imperativo da norma moral e, nesse contexto, é preciso criar a disposição para se refletir sobre a ação ética e moral, tendo em vista o mundo da cultura no qual o indivíduo está inserido. Paralelamente, há que se tentar compreender o processo de interiorização/exteriorização da norma.

Conflitos podem possibilitar o surgimento de uma nova ética que valorize o ser humano e expresse o respeito às diferenças. O outro, como pertencente à espécie humana, passa a ser o limite da não-violência. O sujeito abre-se ao diálogo, exigindo justiça, respeito e solidariedade para que a convivência seja possível. Assim, a aprendizagem de valores na escola depende do cultivo de princípios que reconheça no outro a humanidade e daí o exercício do cuidado de se educar para a vida, e não para algumas instituições. O educador, no espaço da escola que demanda a formação de valores, deve procurar ser um profissional sem certezas, despertando no outro o respeito mútuo, a solidariedade, a procura incessante pela justiça, mediante um diálogo em face da presença do mistério que é o outro. Como afirma E. Lévinas,

> a ética não aparece como suplemento de uma base existencial prévia; é na ética entendida como responsabilidade que se dá o próprio nó do subjetivo. A subjetividade não é um para si, ela é para o outro. A responsabilidade como responsabilidade por outrem, portanto, como responsabilidade por aquilo que não fui eu que fiz, ou não me diz respeito, ou que precisamente me diz respeito, é por mim abordado como rosto. Parte mais expressiva do outro. (LÉVINAS, 1982, p. 87-88)

O ato de se educar para a vida é um processo e exige sabedoria. Para que esse processo ocorra, é necessário compreender a educação como arte, como bem preconizou Kant no século XVIII, quando afirmava que: "A educação é uma arte, cuja prática deve ser aperfeiçoada por várias gerações" (KANT, 2002, p. 19).

Portanto, a arte de educar carece de seu tempo, carece de um tempo de *longa duração* que ordinariamente chamamos de formação. Nesse tempo, o cultivo dos saberes significa saborear aprendizagens gostosas e desgostosas que se inscrevem na memória e fundam no tempo uma morada: a morada do educador, lugar da articulação de saberes.

O saber conquanto *sapere*, que em latim tem o sentido de ter sabor, pode ser compreendido na vida do educador baseando-se na qualificação saboroso. Então, uma tríade de sabores se interage, visando ao fim último da educação, ou seja, a aprendizagem. Aprendizagem como uma mudança de situação que possibilite ao ser humano nova forma de compreensão do mundo. A tríade se constitui em: saber de área, saber intersubjetivo e saber fundamental.

O saber de área pode ser compreendido como saber técnico ou de conteúdo, buscando seu fundamento em regras para a área de conhecimento ao qual se vincula. Esse tipo de saber, na vida do educador, concentra-se no domínio de conteúdo que este ministra. Pressupõe-se que a área de conhecimento do educador seja a de sua formação, enriquecida mediante pesquisas, estudos, métodos didáticos, etc., enfim, um saber que permita diálogo.

O saber intersubjetivo é aquele que pressupõe uma relação possível com os demais. Depende de um saber lingüisticamente articulado que exige interação e reciprocidade. Para o educador, a linguagem, no que tange ao ato de educar, precisa estar em harmonia com a fase de desenvolvimento do educando. Nessa direção, o educador necessita adequar o conteúdo a uma linguagem que possibilite compreensão.

A interação desses dois saberes se concretiza em outro saber que atravessa e ultrapassa as instituições de formação: o saber fundamental. É no território do saber fundamental que esta reflexão se inscreve, esculpe a morada do educador e abre novas possibilidades no horizonte da liberdade de se estar com o outro. Assim, a morada do educador irá pressupor princípios ligados à ética. Princípios que se tornam pilares para se educar para a vida. Os princípios são apenas unidades de referência que possibilitam ao educador agir conforme sua consciência. Ferreira & Grossi (2002) assinalam quatro princípios na ação ética do sujeito contemporâneo: o da justiça, o da não-violência, o da solidariedade e o da responsabilidade.

No princípio da justiça, o ideal inspira-se no respeito ao outro, que se iguala conquanto espécie, mas se diferencia conquanto singularidade. É através do senso de justiça, existente entre os homens, que a lei moral e a ética se objetivam. O sujeito exerce sua autonomia, tendo a liberdade como possibilidade de escolha, ao se tomar decisões. Não existe modelo de justiça, nem caminhos a ser percorridos para se estabelecer seus parâmetros. O princípio da justiça pode aliar-se ao da igualdade de condições de sobrevivência. Isso implica a exigência permanente de direitos e de oportunidades sociais. Nessa direção, a justiça torna-se um critério para se avaliar atos, o que nos leva a compreender desigualdades nas relações entre sujeitos, levando o ser humano ao exercício da recusa a qualquer tipo de violência.

O princípio da não-violência coloca a possibilidade de se respeitar e preservar as diferenças. Gera uma atitude de reconhecimento do outro como um ser que pertence à espécie humana. O outro é compreendido como o próximo, "o próximo pode ser aquele [e é] aquele que me é desconhecido, me enfrenta face a face. É uma relação de parentesco fora de qualquer biologia, contra qualquer lógica. Não é pelo fato de o próximo ser reconhecido como pertencente ao mesmo gênero que ele me concerne. É precisamente por ser o outro. A comunhão com ele começa na minha obrigação para com ele" (LOPES *apud* FERREIRA, 2002, p. 39).

Dessa maneira, o outro convoca-me a recusar qualquer forma de violência, uma vez que o próximo é um ser humano qualquer; pode ser o passante, o turista, o homem da vida urbana, da vida rural, o mestre, o aluno, o estranho. O outro é o primeiro que passa e toca meus sentidos, é o primeiro que chega. Por não ser permitido violar sua integridade física e psíquica, é preciso que se aprenda a não tornar o outro um objeto, uma coisa, e não usar a força como mecanismo de coerção. A ética, como forma de interação com o outro, abre campo aos sujeitos para a construção e o exercício da solidariedade ao próximo.

O princípio da solidariedade funda-se em um dever; ela não designa um dever. O gesto de ser solidário liga-se ao respeito à diferença, em que o ser humano aprende a perceber que o outro também pertence ao mundo. O pressuposto da solidariedade é a interdependência humana. A ação solidária liga-se à construção do sujeito em face de ideais democráticos e à cidadania; envolve o outro independentemente de suas escolhas, já que o ser humano é livre na tomada de decisões. O princípio de solidariedade, ao expressar responsabilidade para com o outro sem esperar reciprocidade, faz lembrar que "o eu tem sempre uma responsabilidade a mais do que todos os outros" (LÉVINAS, 1982, p. 91).

O princípio da responsabilidade leva a se perceber no outro a condição humana, como também abre uma possibilidade de se respeitar as coisas que estão no mundo, visto que essas se relacionam com o meu próximo. A responsabilidade pela natureza do mundo está em se conceber dentro dele um outro que difere de um eu e necessita aprender que, além da convivência, é preciso preservar o que é de todos. Assim é necessário cultivar o respeito pelo outro em sua singularidade, para que se concretizem os ideais de sobrevivência dos seres e a possibilidade de se viver bem.

Esses princípios assumidos na ação ética expressam a concepção do outro como *rosto* no dizer de E. Lévinas, quando afirma que

> o acesso ao *rosto* é, num primeiro momento ético, quando se vê o nariz, os olhos, a testa, um queixo e se podem descrever, é que nos voltamos para outrem como para um objeto. Melhor maneira de encontrar outrem é nem sequer atentar na cor dos olhos. Quando se observa a cor dos olhos não se está em relação social com outrem. A relação com o *rosto* pode, sem dúvida, ser dominada pela percepção mas o que é especificamente *rosto* é o que não se reduz a ele. (NUNES *apud* FERREIRA, 2002, p. 40)

É a partir do ato de se educar que se visualiza o rosto, sem território. Mas um rosto que convida à construção de um mundo capaz de atender aos princípios da ética. Esses princípios podem levar o educador a uma reflexão que ultrapasse o saber de área, estabelecendo uma articulação entre o saber intersubjetivo e o fundamental, numa construção e exigência de novos direitos a começar pelo cultivo de relações sociais.

A morada da ética

O termo ética vem do grego *ethos*, que significa casa, morada, lugar e remete à idéia de costumes. Para se entender a ética como morada do educador e do próprio ser humano, é necessário pensá-la como o corpo, o país, a escola, o mundo. O lugar da liberdade. Assim, ao se esculpir no tempo vivido uma forma, a percepção do mundo se desvela no corpo, corpo como presença imediata que expressa mediações. Corpo que é presença no mundo e se torna o fundamento do cuidado. A palavra

> cuidado em sua forma mais antiga significa cura (em latim se escrevia *coera*) e era usada num contexto de relações de amor e de amizade. Expressava atitude de cuidado, de desvelo, de preocupação e de inquietação pela pessoa amada ou por um objeto de estimação. Ou no sentido de cogitare-cogitatus e sua corruptela coyedar, coidar, cuidar. O sentido de cogitare-cogitatus é o mesmo de cura: cogitar, pensar, colocar atenção, mostrar interesse, revelar uma atitude de desvelo e de preocupação. O cuidado somente surge quando a existência de alguém tem importância para mim. Passo então a dedicar-me a ele; disponho-me a participar de seu destino, de sua busca, de seu sofrimento e de seu sucesso, enfim de sua vida. (BOFF, 1999, p. 91)

Da atitude de cuidar de nós mesmos e do outro infere-se uma ética do cuidado. O corpo é uma totalidade que pertence ao mundo e exige que o educador cultive a relação com o outro para preservar o respeito à condição humana. Por isso se curva numa atitude de humildade e disposição, tentando despertar no outro a possibilidade do exercício reflexivo da razão. É na ética do cuidado que os corpos aprendem a relação de respeito e de solidariedade. Aprender no sentido de ser convocado a mudar a situação e tentar, na medida do possível, escolher a melhor direção. O cultivo de aprendizados pede passagem para habitar essa morada do homem. Destacam-se três aprendizados – costume, diferença e convivência (FERREIRA; GROSSY, 2002, p. 30-36).

O aprendizado dos costumes permite a formação de hábitos com base em atividades rotineiras, exigidas no meio em que se vive. O cuidado, ao se colocar limites, torna-se o elemento essencial para a formação de uma unidade de referência possível, que poderá abrir caminhos àquele que está sendo educado, para que possa refletir sobre suas ações ao escolher.

No aprendizado dos costumes, os termos ética e moral se equivalem. Moral significa em latim *mos ou mores*, que remete a hábitos. Esses são adquiridos no decorrer do existir dos sujeitos no mundo ou nos modos que se vai adquirindo e reproduzindo nas ações. Daí o caráter histórico da formação moral.

O aprendizado da diferença demonstra a necessidade de se ressaltar que a simples existência moral não significa a presença explícita de uma ética. Um grupo pode existir tendo a moral como princípio normativo para o agir dos sujeitos, sem despertar neles a reflexão necessária para uma tomada de decisões. No campo da ética, compreender diversidades culturais implica respeitar valores que são diferentes. Ao se deparar com o fenômeno da pluralidade cultural, surge a questão da pluralidade das ações éticas, o que encaminha o educar-se para percepção e respeito quanto às diferenças.

O aprendizado da convivência desdobra-se em duas vias complementares: a descoberta progressiva do outro e a participação em projetos para solução de conflitos. Compreender essas vias causa a recusa da violência. A violência entendida como a coisificação do sujeito, não permitindo que ele seja um ser que possui desejos, projetos, pertencimento ao mundo. Esse aprendizado *desterritorializa* o outro e o reconhece como pertencente à humanidade.

Essa formação tem mostrado a necessidade do exercício da reflexão para se compreender o campo da aprendizagem de valores. Cuidar da casa, da morada, do nosso lugar no mundo, significa cultivar e aprender, baseando-se na formação de hábitos, na relação com o outro. Da relação entre o sujeito e o outro, a reflexão ética emerge como um de seus elementos constituintes. O outro se torna uma referência do agir, por demandar cuidado. Uma vez que, no dizer de Umberto Eco (ECO, 1999, p. 90), quando o outro entra em cena nasce a ética. Todavia, é no exercício da autonomia do sujeito que se interioriza a norma, reflete-se sobre ela e se escolhe engendrar, em sua atitude, a busca pela justiça. O ato de ser justo pressupõe presidir, avaliar e julgar, buscando hospedar no interior do sujeito unidades constitutivas para referenciar sua ação.

É mediante o senso de justiça que a lei moral e a ética se objetivam e possibilitam ao sujeito o exercício da autonomia, tendo a liberdade como possibilidade de escolha, para se tentar tomar a melhor decisão. No entanto, a justiça é um princípio que deve ser cultivado e aprendido, numa procura constante em ser justo, o que nos lembra o símbolo da justiça com os olhos vedados e a afirmação de Adorno: "A venda nos olhos da justiça não significa que não se deve interferir em seu curso, mas que ela não nasceu sob o signo da liberdade" (ROMANO *apud* FERREIRA, 2002, p. 38).

Se a ética é a morada da liberdade, ela é a construção do agir justo. Em nossas escolhas, o imperativo de ser justo deve ser o indicador para uma reflexão que possa permitir a diferença de idéias, o conflito e o estabelecimento de regras para uma boa convivência. Não sem razão, a prática dos sem lei e a arbitrariedade da vontade sem o exercício do diálogo recebem o nome de tirania.

Quando ocorre uma reflexão no sentido de se trazer à tona os termos ética e educação, é necessário pontuar-se a importância do educador, que, nas instituições de formação como família, religião, escola e Estado, busca caminhos possíveis para educar além de seu território. Nessa direção, quando se constata a crise de valores na sociedade contemporânea, deve-se lembrar que o processo de aprendizagem é a longo prazo, e é preciso estabelecer indagações no interior daquelas instituições de formação, tais como: o que se tem realizado para a formação da autonomia? Como se constitui a ação de trabalho educacional nas escolas? Há diálogo? Tem-se reforçado o processo de aprendizagem do respeito em relação ao outro? Cria-se possibilidade para o exercício da democracia?

Talvez não se tenha criado condições para se cuidar de nós mesmos e dos outros, pelo hábito do não-estranhamento do exercício da violência a que somos submetidos, ou pela incapacidade de distinção do que é justo ou injusto. Quando se aventura refletir no campo da ética, é preciso indagar-se a respeito do nosso lugar no mundo e de nossas ações em relação aos nossos semelhantes. Assim, quando atitudes arbitrárias de um país afirmam que se vai levar a liberdade a outras populações, é preciso indagar-se sobre o que é a liberdade. Quando atitudes de instituições de formação arbitrariamente estabelecem uma norma dizendo ser a favor do bem comum, é preciso indagar-se o que é o bem comum nessas circunstâncias. Quando, na relação com o outro, estabelece-se a norma do cumpra-se, é necessário esclarecer seu sentido no projeto de construção da sociedade. É preciso indagar-se a que e a quem serve a norma. Mas, como aprender posturas democráticas, se o exercício das instituições de formação tem sido o de provocar atitudes autoritárias? Como exigir o exercício da crítica, se o cuidado que se tem tido é a manutenção do poder soberano a qualquer custo?

Muito se tem escutado sobre a crise da ética e das instituições de formação. Mas a crise, como nos afirma Arendt,

> nos obriga a voltar às questões mesmas e exige respostas novas ou velhas...Uma crise só se torna um desastre quando respondemos a ela com juízos pré-formados, isto é, com preconceitos. Uma atitude dessas não apenas aguça a crise como

nos priva da experiência da realidade e da oportunidade por ela proporcionada à reflexão. (ARENDT, 1992, p. 223)

É preciso perguntar-se a respeito das atitudes tomadas e das questões sobre a educação dos valores, já que o ser humano tem deixado de se perceber conquanto ser em construção e, ao se relacionar com o outro no campo da ordem moral e legal, ausenta-se da formação ética que pressupõe reflexão sobre o agir do sujeito no mundo.

O que se observa é uma exigência ética, como se fosse possível ser ético sem aprender valores necessários à construção de um novo mundo. O que se percebe é a estratégia de se permanecer no poder, visualizando e cultivando interesses pessoais que se apresentam como coletivos. Não se separa o que é de domínio público e privado.

A morada da ética exige, portanto, aprendizados que são constituídos a longo prazo, num projeto de se educar para o exercício da autonomia.

A morada da política

Quando se pensa ética e educação, emerge o tema político da cidadania, não uma tópica em suas fronteiras, mas ultrapassando seus horizontes como realidade, e não como objeto exterior. O educando vive em contextos socioculturais. Constrói a sua história locomovendo-se entre instituições de formação e demais espaços de interação, que trançam redes de sociabilidade. Numa delas, em sociedades democráticas, há um lugar privilegiado: o da cidadania. Todavia a discussão sobre os direitos do homem e da cidadania existe ainda como textos não consagrados pela prática.

Ao considerar a cultura, em um sentido amplo, como a produção de valores e símbolos, como nossa relação com o ausente, a formação e o exercício da cidadania lograriam constituir-se sem conflito. Entretanto, essa produção se realiza em contextos sociais. Surge aqui a diferença entre sociedade e comunidade. Esta última é um espaço coletivo homogêneo, indiviso, uno, onde pessoas se relacionam face a face. A sociedade tem instrumentos institucionais e meios materiais que se opõem e se diferenciam por não coabitarem um espaço uno e indiviso, mas se relacionarem por meio de mediações. A marca fundamental da sociedade Maquiavel já expôs no século XV, a saber: na sociedade existe uma divisão originária, ou seja, o desejo dos grandes em oprimir e comandar e o desejo do *povo* em não ser oprimido e comandado.

Qual a origem dessa divisão? A indagação remete a Etienne La Boétie (LA BOÉTIE, 1982), que abandona a tradição do pensamento político para refletir por que os homens se dão senhores. Marilena Chauí, uma de suas leitoras, lembra que é costume considerar a idéia de que a alienação é uma determinação dos oprimidos. Também a tradição do pensamento político distingue poder ilegítimo e legítimo, consentimento e desobediência justa, revolta e resistência passiva, considerando os regimes políticos pelo número dos que governam. Para La Boétie essas questões são secundárias. Mesmo os conceitos usuais que descrevem contratos, eleições, direitos populares. Também o autor nem se ocupa em qualificar o bom ou o mau poder. Mas a gênese do poder separado, dividido, encarnado na figuração da soberania. Poder este que, em qualquer de suas vertentes, detém o monopólio legítimo da força e da violência física. Poder a que os homens se submetem voluntariamente.

De onde nasce a figura da soberania? Por que os homens se submetem a senhores? Por que esse corte abissal entre as sociedades selvagens, de liberdade, e as sociedades civilizadas, de dominação, que transformam o tempo em história? Pierre Clastres, outro dos leitores de La Boétie, lembra que espantar-se diante da denominação é supor que a liberdade seja possível. Detém-se diante *do antes* da liberdade. Discute as sociedades primitivas, sem Estado. O chefe primitivo não faz a *lei*. Antes é um prisioneiro de deveres e obrigações. Coloca-se assim a questão política da soberania estatal: poderosa, mas não necessária. Já a leitura de Claude Lefort reforça a de Clastres, ao mostrar que a dominação política não implica, necessariamente, a cisão entre os que dirigem e os que obedecem. Todavia, refere-se à questão da identidade que fascina o outro, com a possibilidade de se tornar também senhor de alguém. Há uma articulação de cada um com cada um na sociedade, e a pluralidade se desfaz na produção de um poder soberano estatal.

O que se pretende, ao trazer esta discussão, é salientar a condensação da força e do poder soberano, capaz de gerar a sujeição. Não importa a textura dos regimes: trata-se de uma matriz. Nesse sentido, a afirmação de Maquiavel não se opõe de modo antagônico à interlocução de Lefort, Clastres e Chauí com La Boétie. A diferença de perspectivas pode gerar apenas uma contradição: como o *povo* não deseja ser oprimido se serve voluntariamente à dominação?

Em o *Discurso da servidão voluntária*, La Boétie deixa oculta a realidade de uma vontade apartada. Cindida entre a autonomia e a heteronomia. Dividida em sua ambigüidade. Presa do desejo. Talvez a contradição assinalada revele a existência de um bem imaginário. A busca de uma identidade e, ao mesmo tempo, de uma liberdade. A identidade seria a realização da unidade de uma sociedade que dissimula sua divisão e oculta sua cisão no poderio invisível da soberania. Nessa direção é possível pensar a matriz de um novo espaço. A constituição de um sujeito que, presa voluntária da organização política moderna da soberania, busque libertar-se, em parte. Trata-se da conquista de direitos para o homem. Conquista, e não outorga. Patamares de lutas, inclusive revolucionárias, como no caso francês de 1789, que institui a figura do cidadão moderno.

Valendo-se das colocações acima, torna-se pertinente aceitar a realidade de uma longa caminhada pela emancipação humana. Emancipação que aponta o mundo perverso da necessidade. Como se fosse possível desentranhar a liberdade do mundo da necessidade, como desejava Marx. É que a organização da sociedade civil é chão da história, ardendo para alçar vôo. Nessa trajetória, três grandes tradições do pensamento político moderno registram-se: a republicana, a liberal e a socialista, circunscrevendo a construção da cidadania. O eixo que as articula, no que tange ao exercício da cidadania, é a relação tensa entre interesses individuais e bem comum. Dessa forma, a cidadania configura-se como criação e ampliação de direitos.

A liberdade será o princípio central do liberalismo, e sua fronteira torna-se a igual liberdade dos outros (MILL, 1991). Privilegia o indivíduo e seu bem-estar, o respeito à diferença e a pluralidade de opiniões. A tradição republicana contemplará os ideais coletivos, o bem comum, a possibilidade dos cidadãos definirem o seu próprio destino. Ou seja, refere-se à "disponibilidade do cidadão para se envolver diretamente na tarefa do governo da coletividade" (CARVALHO, 2000, p. 105). Já na matriz da tradição socialista emerge o princípio da igualdade. Seu conceito de democracia centra-se em uma sociedade capaz de assegurar o bem-estar social a todo os seus cidadãos. Afasta-se de um *universo de escolhas trágicas*, cujas decisões só favorecem grupos privilegiados. Marx define seu ideal societário como "a cada um segundo suas necessidades".

O processo histórico de construção da cidadania moderna se inicia no século XVIII com os direitos civis (liberdade individual), ampliando-se no século XIX com os direitos políticos (participação no poder político); o século XX estabelece os direitos sociais (MARSCHALL, 1967).

Aos direitos sociais, chamados de segunda geração, seguem-se os de terceira geração, os metaindividuais e os de quarta geração, referentes ao patrimônio genético e suas implicações biotecnológicas. Os direitos metaindividuais dizem respeito aos indivíduos conquanto seres humanos e conquanto membros de grupos sociais específicos. Referem-se à pluralidade de identidades socioculturais, circunscrevendo a cidadania aos valores de solidariedade, aos ideais coletivos, ao bem comum.

Segundo Bobbio (1992, p. 10), há uma tensão entre os direitos reivindicados e os reconhecidos: "Não se poderia explicar a contradição entre a literatura que faz a apologia da era dos direitos e aquela que denuncia a massa dos 'sem direitos'". Nesse debate, Habermas (1995) será convocado com uma proposta que considera capaz de conciliar interesses privados e ideais coletivos. Trata-se da construção de estruturas dialógicas que se alicercem em uma moldura argumentativa, possibilitando a todos os cidadãos integrar o processo decisório sobre o viver em comum. Para o autor, a pluralidade democrática é *matriciada* por identidades individuais e coletivas que pedem para significar.

Nesse quadro geral, ao se pensar a tríade escola, ética e cidadania, numa sociedade cada vez mais complexa, como transformar necessidades e carências em direitos? Como ser governado sem ser oprimido?

> O educador necessita cuidar de sua morada, buscando nos saberes sua constituição de ser no mundo, pois sua habitabilidade é ontológica. Para além das instituições de formação educa-se para a vida e, quando se procura ensinar algo, é preciso lembrar-se da máxima de Heidegger 'ensinar a pensar'. Por pertencermos e escolhermos o exercício do saber fundamental cultivamos a esperança no ato de educar, abrindo todos os dias a 'Janela da utopia' como no poema de Eduardo Galleano: Ela está no horizonte, – diz Fernando Birri – me aproximo dois passos, ela se afasta dois passos. Caminho dez passos e o horizonte se afasta dez passos. Por mais que eu caminhe, jamais a alcançarei. Para que serve a utopia? Serve para isso: para caminhar. (GALLEANO, 1994, p. 310)

A morada do educador, por se pautar na ética e na cidadania, torna-se um *cultivo de utopias temerárias*. No entanto, é no mundo e em suas moradas que comparece a iconicidade da ética e da política, hospedando-se no espaço da educação.

Referências

ARENDT, Hannah. *Entre o passado e o futuro.* 3. ed. São Paulo: Perspectiva, 1992.

BOBBIO, Norberto. *A era dos direitos.* Rio de Janeiro: Campus, 1992.

BOFF, Leonardo. *Saber cuidar – ética do humano – compaixão pela terra.* Petrópolis: Vozes, 1999.

CARVALHO, José Murilo. Cidadania na encruzilhada. In: BIGNOTTO, Miltin (Org.). *Pensar a República.* Belo Horizonte: Editora UFMG, 2000.

ECO, Humberto. *Em que crêem os que não crêem?* Rio de Janeiro: Record, 1999.

FERREIRA, Amauri Carlos. *Ensino religioso nas fronteiras da ética.* 2. ed. Petrópolis: Vozes, 2002.

FERREIRA Amauri; GROSSI, Yonne. A narrativa na trama da subjetividade: perspectivas e desafios. In: *Revista do Instituto de Ciências Econômicas e Gerenciais.* Belo Horizonte: Editora PUC Minas, 2002.

GALLEANO, Eduardo. *As palavras andantes.* Porto Alegre: S&PM, 1994.

HABERMAS, Jurgen. Três modelos normativos de democracia. In: *Cadernos de Escola do Legislativo*, Belo Horizonte, jan./jun. 1995.

KANT, I. *Sobre a Pedagogia.* 3. ed. Piracicaba: Unimep, 2002.

LA BOÉTIE. *Discurso da servidão voluntária.* Comentários de Claude Lefort, Pierre Clastres, Marilena Chaui: Rio de Janeiro: Paz e Terra, 1982.

LÉVINAS, E. *Ética e infinito.* Portugal: Edições 70, 1982.

MILL, J. Stuart. *Sobre a liberdade.* Petrópolis: Vozes,1991.

MARSCHALL, F. H. *Cidadania, classe social e status.* Rio de Janeiro: Zahar, 1967.

NUNES, Etelvina P. L. O outro e o rosto. Problemas da alteridade em E. Levinas. In: *Ensino Religioso nas Fronteiras da Ética.* Petrópolis: Vozes, 2002.

OLIVEIRA, Manfredo de Araujo. *Ética e práxis histórica.* São Paulo: Ática, 1995.

ROMANO, Roberto.Conservadorismo romântico. In: *Ensino Religioso nas Fronteiras da Ética.* Petrópolis: Vozes, 2002.

CONSELHOS E COLEGIADOS NA ESFERA PÚBLICA: EM BUSCA DO SENTIDO

Maria da Glória Gohn

Refletir sobre a prática dos conselhos gestores na esfera pública, tomando como referência os conselhos colegiados existentes na área da educação, é o objetivo deste texto. Várias inquietações motivaram sua elaboração, as quais buscamos transformar em questões que nos dêem pistas para explicações, alternativas e possíveis reorientações do tema dos conselhos, a saber: como resgatar o direito à educação conquanto política educacional, no âmbito das instâncias locais, não se esquecendo de que elas são parte de um todo, que extrapola as fronteiras nacionais? Como não transformar os cidadãos que se dispõem a participar de órgãos colegiados em meros "parceiros técnicos", avalistas de políticas já previamente decididas em outras instâncias superiores? Como redirecionar as vontades pessoais em vontade coletiva, interesse público da maioria? Como alterar a visão de que o setor público é que deve estar a serviço do cidadão, e não o seu contrário? Como realizar na prática o que usualmente está escrito, em belas palavras, nos textos e documentos, considerando-se a interferência da subjetividade dos atores participantes?

Não objetivamos neste estudo dar "receitas" e muito menos normatizar comportamentos ideais. Visamos a tão somente compreender e levantar hipóteses explicativas para as dificuldades existentes no exercício das instâncias colegiadas, na implantação de uma gestão democrática de fato. Toma-se como referencial comparativo o desenho de novas práticas construídas com base em uma cultura política que coloque como meta o "bem comum", exercitando-o de fato no dia-a-dia. Trata-se de discutir os desafios para a operacionalização das intencionalidades presentes nas novas normatizações referentes as relações entre o setor público e a sociedade civil organizada.

Ao falarmos de normatizações, temos de situá-las recuperando sua trajetória constitutiva. Esse será o objetivo do primeiro item deste texto, ao abordarmos o desenvolvimento da forma conselho na gestão pública. A seguir situaremos a temática dos conselhos no campo da educação e, no terceiro item do texto, discutiremos problemas e questões na dinâmica interna dos conselhos e colegiados nas escolas, à luz das políticas de reformas educacionais e crise no direito à educação na sociedade atual.

A forma conselho na gestão pública

Como ponto de partida para o resgate histórico, precisamos lembrar que a forma conselho ou colegiados de participação para cidadãos(ãs) da sociedade civil, na gestão de bens públicos, não é nova. Há experiências internacionais seculares. Para não irmos muito longe, podemos citar, no século XIX, o Conselho da Comuna de Paris, ou, nas primeiras décadas do século XX, os Conselhos dos Sovietes russos, os Conselhos dos Operários de Turim na Itália, estudados por Gramsci, e os Conselhos Alemães na década de 1920. Nos anos 50 daquele século tivemos os antigos Conselhos Iugoslavos ou os Conselhos Americanos do pós-guerra. No Brasil, há experiências históricas de conselhos comunitários nos anos 1960 e, no final dos anos 1970, ainda na fase do regime militar, ou os "Conselhos de notáveis", que atuavam nas instâncias governamentais em áreas especializadas. Nos anos 1980, os Conselhos Populares foram a novidade no cenário político.

A Constituição de 1988 colocou na agenda sociopolítica brasileira, nos anos 1990, a necessidade de se qualificar as formas de participação dos diferentes atores sociais, advindos da sociedade civil e política, como atores sociopolíticos. Isso porque, o tema da participação, que nos anos 1970 e 1980 foram anseios demandados pela população, em 1988 vários direitos à participação foram inscritos na Carta Magna. A operacionalização desses direitos impôs não apenas leis complementares e específicas, nos diferentes níveis da estrutura administrativa da Federação; exigiu-se também a qualificação dessa participação em formas democráticas descentralizadas, para que operacionalizassem os novos formatos da participação, no plano institucionalizado, especialmente aquelas relativas a formas deliberativas.

Por isso a participação e a democracia necessitaram de adjetivos: participação cidadã, política, civil; democracia deliberativa, participativa, representativa, direta, indireta etc. (TEIXEIRA, 2001). Novas arenas de interlocução foram criadas para a população expressar seus interesses, para a explicitação das diferenças entre os diversos atores em cena, para a negociação entre essas diferenças e a busca de possíveis pontos de consenso, e para a criação e o desenvolvimento de formas de controle social, em especial por parte da população organizada sobre os órgãos públicos na gestão de bens e políticas públicas. Fóruns, Comitês, Câmaras, Conselhos, Orçamentos Participativos, Plenárias, Comissões, Colegiados diversos, todos foram criados para ser essas novas arenas. Nos anos 1990 foi criada outra forma, prevista com base na Constituição de 88: os Conselhos Gestores interinstitucionais (GOHN, 2001a).

O que a forma dos conselhos gestores inova em relação às formas passadas? Esses conselhos estão crescendo cada vez mais, são exigências legais. São novos instrumentos de expressão, representação e participação, dotados de potencial de transformação política. Isso, porém, depende de como são implementados e operacionalizados. O conselho em si, conquanto exigência da lei, não garante nada. Eles podem imprimir novo formato às políticas públicas desde que implementados e operacionalizados com a efetiva participação cidadã. O processo de elaboração das políticas públicas e a tomada de decisões, realizados pela interação entre agentes governamentais e agentes da sociedade civil organizada, são ações que exigem nova institucionalidade pública, ou seja, eles estão criando outra esfera social pública não estatal.

Nesses processos deve-se destacar o papel e a relevância dos Conselhos Gestores conquanto espaços que realizam a mediação/relação entre o governo e a população. Esses canais de participação propiciam novo padrão de relações entre o Estado e a sociedade, ao viabilizarem a participação dos diferentes segmentos sociais na formulação das políticas sociais. Possibilitam à população o acesso aos espaços onde se tomam decisões políticas e criam condições para um sistema de vigilância sobre as gestões públicas. Implicam maior cobrança de prestação de contas do Executivo Municipal. Mas eles são ainda incipientes, e há muitas lacunas na sua estrutura e na forma de funcionamento.

Conselhos na área da educação

Para podermos entender a problemática dos conselhos na área da Educação, é necessário conhecer o contexto em que estão inseridos e fazer uma retrospectiva histórica tendo como ponto de partida o atual processo de Reforma do Estado. O acúmulo de experiências de participação na sociedade brasileira, particularmente a partir dos anos 1980, tem refletido de diferentes formas em inúmeras áreas, e não está dissociado da Reforma de Estado que está se operando no Brasil na atualidade (GOHN, 2000).

Na área da Educação, as formas colegiadas de participação existem tanto no Sistema de Administração do Ensino quanto no interior das escolas. No sistema de ensino há o Conselho Nacional e os Conselhos Estaduais e Municipais de Educação. Ao fazer uma recapitulação histórica de algumas formas colegiadas nas escolas, localizaremos no final do século XIX as primeiras experiências. Em Minas Gerais, a Caixa Escolar até 1879 era vinculada às paróquias, assim como os Círculos Libertários (ABRANCHES, 1998). A partir dos anos 20 do século passado, encontramos as Caixas Escolares no Estado de São Paulo cumprindo o papel de agregar pais e comunidade escolar ou prestar assistência aos alunos carentes. As Associações de Pais e Mestres, estabelecidas em 1963, os órgãos de cooperação escolar, o Conselho Escolar, os Grêmios Estudantis, o Centro Cívico, a Congregação, o Conselho de Classe, o Conselho de Escola, o Conselho de Série, o Conselho do Ciclo Básico, o Conselho Deliberativo das Associações de Pais e Mestres (APMs), os Centros Comunitários Polivalentes etc. foram outras formas colegiadas para tratar dos problemas do cotidiano nas escolas da rede pública. Assim, observa-se que a forma conselho não é novidade também na área da Educação.

Sabemos que o Conselho Federal de Educação tem sua origem ligada à primeira Lei de Diretrizes e Bases que oficialmente tivemos no País; ele funcionou de 1961 a 1994. Em 1994 foi extinto pelo ex-presidente Itamar Franco e em seu lugar foi criado o Conselho Nacional de Educação, que atuou por pouco tempo. Com a nova Lei de Diretrizes e Bases da Educação (LDB), promulgada em dezembro de 1996, foi recriado o Conselho Nacional de Educação.

Por que ocorreram essas mudanças? Havia um Conselho Federal, que passou a ser Conselho Nacional, foi extinto e, posteriormente, voltou como Conselho Nacional. Isso tudo aconteceu porque a criação do Conselho Nacional de Educação estava orientada por uma trajetória de lutas que acompanhou a tramitação da nova LDB após a Constituição de 1988, trajetória em que se confrontaram vários projetos no movimento nacional de luta e defesa da escola pública. A primeira proposta do Conselho Nacional, criado em 1994, dava poderes de participação não só à escola, mas à comunidade educativa, a todos os segmentos articulados na área da Educação. Logo que foi instalado, provocou receios de que teria poderes que extrapolariam o próprio Ministério da Educação e Cultura. Ele passou a ter caráter eminentemente representativo, com propostas de participação que lhe davam grande perspectiva de autonomia. Por isso ele foi rapidamente desativado, e o antigo Conselho Federal, restaurado. É bom lembrarmos que nesse período vivíamos o processo de eleições para um novo presidente da República. Quando ele foi recriado, como Conselho Nacional, em 1996, sob a égide da nova Lei de Diretrizes e Bases, seu caráter centralizador foi mantido.

Os Conselhos Estaduais de Educação (também criados em 1961) e os Conselhos Municipais de Educação quase sempre reproduzem a forma dos Conselhos Nacionais. As leis têm quase o mesmo número de artigos e apenas fazem adaptações para os níveis estaduais e municipais de acordo com as redes de ensino que mantêm. A Educação Infantil, que atende crianças de até 6 anos de idade, é atribuição dos municípios, e a tendência, após 1996, é a da municipalização de toda rede pública do ensino fundamental – da 1ª à 8ª séries que ainda se encontre sob a administração estadual. Em alguns Estados, como o caso de São Paulo, a maioria da rede pública do ensino fundamental é estadual, e o processo de municipalização deverá ser muito longo – a maioria dos municípios não tem como arcar com os custos da rede estadual já instalada, e os profissionais da educação resistem à medida, já que se trata de uma grande rede cujo poder, em termos do sindicato – a APEOESP –, reside justamente no seu contingente de associados.

É interessante observar que muitas coisas podem vir a ocorrer do ponto de vista da composição dos conselhos quando se faz a adaptação das leis do nível nacional ao nível municipal. No Conselho Nacional de Educação, por exemplo, é prevista a participação de um grande número de representações: grupos parlamentares; setores de governo; assembléias regionais; Associação Nacional dos Municípios; Universidades; Associações de Pais, de Estudantes, de Trabalhadores; Sindicatos etc. No entanto, a lei não especifica o número e o caráter dessas entidades (se públicas ou particulares).

A lei que criou o Conselho Municipal de Educação da cidade de Campinas, por exemplo, também previa na sua composição sindicatos ligados aos trabalhadores da Educação. Inicialmente, foi promulgado como parte do conselho o Sindicato das Escolas Particulares, o Sinpro. A partir de um processo de luta, seis meses depois um novo decreto foi promulgado incluindo no Conselho Municipal de Educação a APEOESP/Regional Campinas – Sindicato dos Professores das Escolas Públicas Oficiais do Estado de São Paulo. Esse é um aspecto interessante, porque a lei é genérica, mas são vários os sindicatos e as associações que representam setores públicos e particulares que podem pleitear o assento nesses colegiados. O exemplo de Campinas demonstra a importância da organização de vários setores da sociedade para que se criem instâncias representativas, em termos de participação social qualificada, nos novos espaços que os conselhos, de forma geral, estão gerando.

As Comissões de Educação municipais, criadas em 1988, têm sido responsáveis pelos programas de municipalização do ensino, e, no âmbito local, existem várias outras formas de organização que são extremamente importantes na área da Educação, tais como: grupo local de diretores, vários órgãos e programas criados dentro da administração da área da Educação, Conselhos de Escola no Estado de São Paulo e Colegiados Escolares no Estado de Minas Gerais. A origem destes últimos data dos anos 1980, quando os Estados de São Paulo e de Minas Gerais colocaram em discussão a autonomia do sistema educacional, por meio do Fórum da Educação e do Congresso Mineiro da Educação. Nos anos 1990, o enfoque da autonomia deslocou-se da participação de diferentes grupos na Educação para a autonomia das unidades escolares.

Os Conselhos Gestores criados após a Constituição de 1988 foram inseridos na esfera pública por força de lei. Em 1996, uma lei geral estipulou que os recursos públicos para as áreas sociais devem ser recebidos através dos Conselhos Municipais. A criação da maior parte desses conselhos data de 1996, como o da Educação, o da Assistência Social, o da Saúde e o do Idoso. Na área da Educação, os conselhos têm caráter consultivo e, em alguns casos, deliberativo. São compostos por representantes do poder público e da sociedade civil organizada e, porque têm assento na esfera pública, diferem dos Conselhos de Notáveis e, diferem mais ainda, dos Conselhos Populares ou Comunitários dos anos 1970.

Atualmente, nos municípios, além do Conselho Municipal de Educação, há o Conselho de Alimentação Escolar (Comae), e o Conselho de Acompanhamento e Controle Social (CACS) do Fundo de Manutenção e

Desenvolvimento de Ensino Fundamental e Valorização do Magistério (Fundef), que se transformou em 2006 no Fundo Desenvolvimento da Educação Básica (Fundeb). Juntos, os três conselhos, a rede de escolas, mais a Secretaria Municipal de Educação constituem o Sistema Municipal de Ensino e devem elaborar o Plano Municipal de Ensino, que estabeleça, progressivamente, metas para a autonomia das escolas à medida que elas forem capazes de elaborar e executar seu projeto pedagógico, garantindo a gestão democrática do ensino público.

Afirmei no início que não é possível entender os conselhos se não entendermos a reforma do Estado e, para isso, é preciso entender o que são as Organizações Sociais (OSs). Estas foram criadas por lei, em maio de 1998, para reestruturarem o aparelho do Estado em todos os níveis. No nível federal, parcelas do próprio Estado poderão deixar de fazer parte do aparelho estatal e se tornar prestadoras de serviços públicos, ou parte das atividades do Estado passarão a fazer parcerias com entidades do chamado Terceiro Setor (leia-se: ONGs, organizações e associações comunitárias ou filantrópicas, e outras entidades sem fins lucrativos). Não é toda e qualquer ONG que pode ser considerada como parte do Terceiro Setor, mas, sim, aquelas com o perfil do novo associativismo civil dos anos 1990. Um perfil diferente das antigas ONGs dos anos 1980, que tinham fortes características reivindicativas, participativas e militantes. O novo perfil desenha um tipo de entidade mais voltada para a prestação de serviços, atuando segundo projetos, dentro de planejamentos estratégicos, buscando parcerias com o Estado e com empresas da sociedade civil.

A forma de realização das parcerias são via as Organizações Sociais (OSs) e as Organizações da Sociedade Civil de Interesse Público (OSCIPs). A Reforma do Estado elaborada pelo ex-ministro Bresser Pereira, no MARE, durante a gestão do presidente Fernando Henrique Cardoso, previa que as políticas públicas para as áreas de Cultura, Educação, Lazer, Esporte, Ciência e Tecnologia viessem a ser apenas gerenciadas, e não mais executadas pelo Estado. As OSs e as OSCIPs são parte de um modelo político e de uma orientação filosófica em que o Estado é responsável apenas pelo gerenciamento e pelo controle das políticas públicas, e não pela execução delas. O Estado deixa de lado o papel de executor ou prestador direto de serviços e passa a ter função de promotor e regulador. Quem vai executar essas políticas serão justamente as OSs e as OSCIPs, que se constituem e se qualificam como tal – por um contrato de gestão, no caso das OSs, firmado entre o Terceiro Setor e o poder público, ou mediante um desmembramento de parte do próprio poder público, via parcerias com as OSCIPs.

As OSs e as OSCIPs fazem parte de um novo modelo de gestão pública e, a longo prazo, a reforma do Estado prevê que toda área social deve adotar essas nova lógica e forma de operar na administração pública propriamente dita. As OSs, por exemplo, inserem-se no marco legal das associações sem fins lucrativos, cuja lei foi regulamentada e promulgada em 1999. Elas são pessoas jurídicas de direito privado, estando, por isso, fora do âmbito dos órgãos públicos. Seus funcionários poderão vir de estatais, mas na OS eles não estarão mais sob o Regime Jurídico Único dos Servidores Públicos, não serão mais, portanto, funcionários públicos no sentido lato do termo. Mas as OSs recebem recursos públicos consignados no Orçamento da União ou do respectivo Estado, constituindo receita própria. A alocação desses recursos e a execução orçamentária das OSs não estão submetidas aos ditames da execução orçamentária, financeira e contábil, como os demais órgãos públicos, que têm de submeter-se a um controle processualístico. Seu controle se dá pelos seus resultados, por meio da avaliação das metas que ela estabeleceu. Além disso as OSs recebem toda a infra-estrutura montada que antes servia de base a um órgão estatal na prestação do serviço. Registre-se ainda que as OSs ou OSCIPs têm de se qualificarem para se constituírem como operantes das novas orientações políticas. Na prática são ONGs e organizações do Terceiro Setor que estão se qualificando.

Segundo Traldi (2003), até julho de 2002, 1.068 entidades não governamentais entraram com o processo de qualificação como OSCIP; dessas, apenas 563 foram deferidas, e 505 (quase a metade) foram indeferidas. Se analisarmos a área de atuação das 563 entidades deferidas, observa-se que o maior número atua na área Assistencial (187), seguida pela Ambiental (107). Em terceiro lugar tem-se as Creditícias (82) e em quarto as Educacionais (66, correspondendo a 13% do universo total). As outras áreas são: Cultura (43), Pesquisa (36), Saúde (32) e Jurídica (10).

Um dado que causa espanto é o fato de as OSs se qualificarem com base em um simples pedido ao Ministério do Planejamento, que, uma vez aprovado, remete ao Ministério da Justiça. O contrato de gestão não passa pelo Legislativo, fica no âmbito do Executivo.

Houve grande debate que identificou esse processo como uma privatização, ou terceirização do Estado, e parte fundamental das reformas neoliberais, com seus defensores e críticos. Dentro dos objetivos deste artigo, não entraremos nesse debate, mas resta assinalar que a Reforma do Estado, ao final dos anos 1990, não incluiu os Conselhos Gestores no processo de contratação das OSs constituídas para gerir os serviços públicos e as atividades publicizadas, ou da qualificação de uma OS. Os conselhos gestores, mesmo os que têm poder deliberativo, vão analisar o resultado de um processo – quando forem avaliar uma OS, por exemplo, que eles não participaram no início, na própria constituição da OS.

Mas por que isso é importante? Por que deixamos a discussão dos conselhos de lado e enveredamos pelo tema das Organizações Sociais? Porque, a médio prazo, os serviços na área social que saírem da órbita de execução direta pelo Estado deverão ser de responsabilidade das OSs e dos Conselhos de Gestão que essas precisam instalar. Os contratos de gestão firmados por determinado período também teriam um conselho relacionado com o Conselho do Município, na área social correspondente. Uma nova modalidade de gestão do que é público surge dessa articulação e dessa rede de formas de representação e participação, que são muito mais complexas do que outras formas implantadas no passado, na relação povo-governo, na administração pública. Conceitos estão sendo criados para expressar as novas formas, tais como o de governança (local, regional, nacional, global).

Por isso não é possível discutir o conselho do Fundef/Fundeb e outros conselhos na área da Educação sem entender a reforma do Estado. A discussão sobre as exigências atuais relativas aos conselhos gestores, na área da Educação, ao se criar um Conselho Municipal de Educação, deve considerar também os aspectos presentes na obrigatoriedade legal; o prefeito que não constituir tais conselhos poderá ser destituído do cargo e ter seu direito cassado; a escola que não criar os Conselhos de Alimentação não receberá os repasses de verbas para a merenda escolar etc.

Essas são algumas das questões relacionadas à dinâmica interna dos conselhos e às dificuldades para operacionalizar a participação. Por trás de todas essa discussão, está o acesso e a forma de distribuição dos recursos públicos. É importante destacar que os conselhos são instrumentos políticos de participação e como tal há lutas políticas em seu redor.

A dinâmica dos colegiados escolares

A tradição de conselhos na área da Educação não criou memória muito promissora. Ao contrário, o que se observa sempre são lembranças de colegiados manipulados por diretoras(es) despóticas(os), conselhos formados para legitimar os interesses da administração da escola, conselhos "punitivos" que só "convocam" os pais para reclamar de seus filhos – ou pedir-lhes ajuda financeira para festas ou reformas –, ou ainda seduzi-los para colaborar como mão-de-obra em mutirões etc. Há ainda os casos de conselhos com grande número de funcionários, que lá estão apenas porque são "cabos de transmissão" de estruturas superiores. Ou seja, conselhos democráticos, cidadãos, participativos, com força política, são raros e exceções, a despeito de toda a parafernália de apoio legal que a legislação lhes concede na atualidade. Por isso alertamos, inicialmente, para a necessidade de se qualificar a participação, mormente quando ela é institucionalizada em estruturas colegiadas. A simples existência da estrutura não garante de imediato a alteração nas formas tradicionais, autoritárias de gestão, para formas mais democráticas. É preciso qualificar o sentido e o significado da participação, para o coletivo e para cada membro do colegiado. Há vários sentidos da participação, na atualidade, em disputa. Controlar a população, cooptar os líderes, criar falsas seqüências de reuniões e debates quando tudo já está decidido a priori e só se busca a legitimidade da "base", transferir responsabilidades sob o argumento de que aquelas parcelas "convocadas a participar também são responsáveis", são as formas mais usuais da participação em seu sentido negativo, com significado excludente, que busca incluir para neutralizar, para imprimir sentido novo a uma velha forma de dominação e controle. Nesses casos, num colegiado escolar, por exemplo, os membros portadores dessa "missão" integradora/neutralizadora acabam legitimando sua própria vontade ou abortando a vontade que está emergindo no grupo.

A questão-chave presente nesses campos de disputa de significados, em que há membros "bem-intencionados", desejosos de participar em função do bem comum, e membros que têm outros interesses, que não desejam nada além de seus próprios interesses, é a seguinte: como deve ser a participação entre desiguais (em termos de posições na estrutura escola não exatamente socioeconômicas)? Como criar uma linguagem comum, de forma que o interesse público predomine, e não a vontade individual de cada categoria representada? A vontade coletiva, o interesse geral, o bem público, a esfera pública é que devem balizar, nesse contexto, as relações entre os atores em cena. Como ampliar essa participação? Talvez a resposta seja "buscando o duplo significado dessas formas colegiadas nos dias atuais". São conquistas dos grupos organizados, mas são também espaços para promover práticas antigas, clientelistas. De um lado, trata-se de uma conquista, mas de outro, elas foram acionadas no campo do império de diretrizes e políticas neoliberais – que vieram do exterior, passam pela esfera nacional, estadual, municipal e operacionalizam-se no dia-a-dia escolar. Talvez a explicação a ser dada tenha de ampliar o universo de análise e sair da ênfase quase exclusiva na teoria da representação política clássica, como normalmente é feito, para não ficarmos nas questões: a representação é legítima ou não? Ela é apenas corporativa ou não? O desafio está em equacionar e combinar representação indireta com direta, ampliar a participação para além dos atores da escola, incluir outros representantes da comunidade onde a escola está inserida, introduzir grupos locais organizados da sociedade civil, o que denominei em outro texto como "comunidade educativa" (GOHN, 2001 b).

Qual tem sido a marca das políticas públicas nos últimos anos no Brasil? Fundamentalmente gerar superávit orçamentários, realizando cortes nos fundos públicos, no setor dos bens e serviços ofertados pelo Estado, ou recolocar esses fundos de forma que a maior parte passa a se dirigir para investimentos exigidos pelo capital (telecomunicações é um exemplo). Os setores sociais (educação, saúde, assistência etc.) ficam à mercê da "habilidade" da comunidade organizar-se, fazer parcerias e suprir o que o Estado não faz mais. Ele, Estado, continua o gestor, mas não o executor. Ele transfere suas responsabilidades para a sociedade civil organizada.

Por isso a pauta das reuniões dos colegiados e de outros conselhos na área da Educação concentra-se na questão fiscal, nos gastos e nas nunca atendidas, suficientemente, necessidades de investimentos, e não nas questões pedagógicas. Por outro lado, observa-se um não-interesse pela prestação de contas, principalmente por parte dos tesoureiros dos colegiados. Isso tudo revela um campo de trabalho a ser desenvolvido para o exercício da cidadania, já que é com base na crítica a essas questões que se encontra o campo pedagógico. Algo fundamental nesse campo é: o direito à Educação propriamente; esse direito está sendo subtraído.

O direito à Educação não se resume ao acesso; é o direito de todo ser humano de ter formação e informação para realização de suas capacidades e habilidades. Entrar na escola hoje é mais fácil, mas o direito à Educação propriamente dita está esvaziado, e para isso tem de ser feita uma análise do contexto, da conjuntura e da estrutura do País. As reformas introduzidas na educação nos últimos 30 anos desenvolveram saberes técnicos, a chamada competência, tanto do corpo de profissionais da escola como na forma de avaliá-las. Isso se reflete nas reformas curriculares e nos sistemas de avaliação. Ser competente é produzir resultados, realizar avaliações, passar no "Provão" com boas médias, ter as contas aprovadas nas auditorias, distribuir bens e benefícios ao setor da pobreza, que se encontra em situação de miserabilidade etc. Ou seja, para as reformas neoliberais, ser competente é atuar em projetos focalizados em que se perde a universalidade e a educação como um direito.

Por isso alguns autores afirmam que o sistema educacional nacional, atualmente, é um sistema só na ficção. Ele oferece acesso, vagas, mas não educação propriamente dita. Temos de reconhecer que houve avanços significativos nos últimos anos no acesso à escola. Oferece-se oportunidade educacional. Mas ela educa de fato? Ou a maioria das crianças que lá estão é para ter alimentação, comida, ou os pais as mantêm lá para ter a bolsa-educação e não deixá-las na rua? A permanência na escola hoje é menos uma expectativa educacional/pedagógica e mais social, para resolver um problema social, de miséria e pobreza, e não para educar de fato.

Pablo Gentili, em palestra no Grupo de Estudo de Movimentos Sociais, Demandas Educativas e Cidadania da Unicamp (Gemdec), em 2002, discorreu sobre a crise no sentido do direito à Educação e chamou a atenção também para mudanças nas expectativas da população. É importante refletirmos um pouco sobre a situação por ele retratada, resumida da seguinte forma: na sociedade atual a Educação deixou de ser fator de ascensão social, mobilidade, progresso social para a maioria da população, especialmente nas camadas populares. O discurso dominante afirma que estamos na era do conhecimento, que temos de estudar cada vez mais, precisamos ter cada vez mais diplomas, mais habilitações etc. O que de fato ocorre na prática?

Na prática se observa, na maioria dos casos, que, em algumas áreas, os diplomados estão tendo mais dificuldades para arrumar emprego, dentro do perfil em que se capacitaram, do que os que não se especializaram. Eles acabam trabalhando em cargos e funções que antes eram ocupadas por pessoas sem aquela formação escolar.

Um exemplo na área de Educação – antes bastava a escola secundária para as professoras do ex-primeiro grau, ex-primário e atuais quatro anos do ensino fundamental. Hoje elas estão numa luta para vir a ser, em curto prazo, graduadas no ex-terceiro grau, no atual ensino superior universitário. Decorre daí a proliferação de "cursinhos" para realizar essa habilitação para a formação, de forma "aligeirada", sob o argumento de que a "lei exige". Trata-se de uma interpretação distorcida da LDB de 1996, que está possibilitando a grupos particulares auferir grandes lucros com tais habilitações.

No segmento das camadas populares, é mais perceptível os efeitos dessa modernização conservadora que promove a inclusão excludente. A escola está perdendo valor, não só como espaço de mobilidade social, mas também como símbolo e significado de oportunidade. Atualmente elas estão sendo, nas regiões periféricas, assaltadas, pichadas, depredadas; há casos até de assassinatos de professores por alunos ou bandos armados da região. Grupos mais jovens aderem à violência e às drogas. A escola perdeu sua aura de respeitabilidade, de símbolo de ascensão social, de um equipamento "a nosso favor". Grupos populares indagam: por que estudar tanto para depois ser um desempregado? Ou para receberem o que denominam como "uma mixaria"?

Articulando essas representações à questão da gestão nas escolas, e ao colegiado escolar, observamos que o processo de descentralização não descentralizou o poder. Usualmente esse poder continua nas mãos da diretora ou gestora, que o monopoliza, faz a pauta, não a divulga com antecedência etc. A comunidade externa – os pais – não dispõe de tempo nem julga relevante estar presente, já que suas representações sobre a escola mudaram. Além disso, usualmente eles não estão preparados para entender as questões fundamentais orçamentárias. Só exercem uma participação ativa aqueles pais advindos de experiências anteriores, extra-escolar, revelando a importância da participação dos cidadãos(ãs) em ações coletivas na sociedade civil, o caráter educativo que essa participação confere, principalmente quando se localiza em movimentos sociais comunitários, em função de causas públicas, como representantes da sociedade civil organizada.

Os funcionários das escolas, membros dos conselhos e colegiados escolares, usualmente, exercitam um pacto do silêncio. Por que eles se comportam assim? Porque, na maioria dos casos, eles estão presentes para referendar demandas corporativas, ou para fortalecer diretorias centralizadoras. Como elo mais fraco do poder, eles participam para "compor", para dar número e quorum necessário, não para construir ou mudar algo. Por que isso ocorre? Porque, embora o colegiado seja um espaço legítimo e de conquista para o exercício da cidadania, em termos ativos, essa cidadania tem de ser qualificada e construída na prática. (vide ANTUNES, 2002). Os projetos políticos dos representantes dos diferentes segmentos e grupos, seus valores, e visões de mundo devem ter como meta a igualdade e a universalidade. Os colegiados têm de construir ou desenvolver essa sensibilidade via um conjunto de valores que venha a ser refletido em suas práticas. Sem isso temos uma inclusão excludente: aumento do número de alunos nas escolas e estruturas descentralizadas que não ampliam, de fato, a intervenção da comunidade na escola. Temos setores que pretensamente estão representando o interesse público, mas, na realidade, defendem o interesse de grupos e corporações, ou de manutenção do poder tradicional. O papel desse poder tradicional é exercer o controle, a vigilância em função de uma falsa participação ordeira e voltada para a responsabilização da comunidade (pais e outros mais) nas ações que o Estado se omite.

A gestão compartilhada em suas diferentes formas de conselhos, colegiados etc. precisa desenvolver uma cultura participativa nova, que altere as mentalidades, os valores, a forma de conceber a gestão pública em nome dos direitos da maioria, e não de "grupos lobbistas". Um coletivo que desenvolva saberes não apenas normativos (legislações, como aplicar verbas etc.) – também importantes pelas razões que assinalei antes: o papel dos fundos públicos no campo de disputa política e a necessidade de novas políticas na gestão desses fundos públicos. Mas é preciso também desenvolver saberes que orientem as práticas sociais, que construam valores – aqui entendidos como: participar de coletivos de pessoas que não são iguais, mas devem ter metas iguais.

Os sistemas educacionais estão cada vez mais descentralizados e abertos, estão assim não por dádiva, mas são fruto de demandas e pressões da sociedade civil, conquista dos movimentos sociais organizados. Mas, se não houver sentido de emancipação, com projetos que objetivem mudanças substantivas e não instrumentais, no colegiado, corre-se o risco de se ter espaços ainda mais autoritários do que já eram quando centralizados.

Começamos este artigo com indagações, concluímos com novas indagações: como democratizar esses espaços? Como ressignificá-los para que as obras de serviço não sejam vistas como dádivas, mas, sim, como direito? Como resgatar o direito à Educação conquanto política educacional no âmbito das instâncias locais, não se esquecendo de que elas são parte de um todo que extrapola as fronteiras nacionais?

São desafios e tarefas gigantescas. Não dá para contar apenas com heroísmos de alguns já conscientes quanto ao sentido e ao sentimento do que deve ser uma gestão na esfera pública, ou permanecer no conformismo diante de espaços dominados pelos antigos, pela ordem tradicional. É preciso criatividade e ousadia, mas essas só ganham força quando passam a ter hegemonia em certos coletivos organizados mais amplos. Por isso é preciso voltar os olhos para a organização da sociedade civil. Precisamos de movimentos sociais ativos, reivindicativos e propositivos, ao mesmo tempo. Precisamos de uma nova educação popular que forme o cidadão para atuar nos dias de hoje, e transforme culturas políticas arcaicas, arraigadas, em culturas políticas transformadoras e emancipatórias.

Isso não se faz apenas em aulas e cursos de formação. Isso se faz na prática, no exercício das tarefas que a conjuntura impõe. Participar dos conselhos e colegiados é uma dessas urgências e necessidade imperiosa. Mas é uma preparação contínua, permanente, de ação e reflexão. Não basta um programa, um plano, ou um cursinho, ou um conselho. Construir cidadãos éticos, ativos, participativos, com responsabilidade com o universal, é retomar as utopias e priorizar a participação na construção de agendas que insiram projetos emancipatórios, projetos que coloquem como prioridade a mudança social e qualifiquem seu sentido e significado. Temos de voltar a politizar o político no sentido de socialização do poder, e não de fechamento do poder, para que não nos tornemos uma república de técnicos, especialistas e competentes no gerenciamento das diretrizes do FMI, do Banco Mundial etc.

Temos de reconstruir os projetos políticos que se escondem por detrás do tecnicismo. Mais do que nunca, temos de rediscutir o que é um projeto político emancipatório, retornar a reflexão sobre democracia como soberania popular, do povo e para o povo. Pautar o debate sobre a soberania da comunidade significa dizer não à inclusão excludente, à modernização conservadora, que busca resolver problemas econômicos da escola utilizando-se de formas do assistencialismo, da caridade etc.

Ao se discutir a soberania da comunidade local, e de um povo, estaremos fornecendo pistas para analisar a metamorfose que atualmente se opera nos discursos sobre a realidade brasileira, tão fragmentada, mas, ao mesmo tempo, tão cheia de esperança no sentido de mudanças qualitativas – que esperamos venham a ocorrer. Temos de politizar a educação e, com ela, os seus conselhos. Há necessidade de se atingir a mídia, para que ganhe legitimidade na sociedade. Afinal, os conselhos e os colegiados são parte de uma gestão compartilhada, e governar é oportunidade de construir espaços de liberdade, desenvolver a igualdade e, em suma, construir o projeto da emancipação com sentidos e significados, com marcos referencias substantivos, e não participar de cenários armados estrategicamente sobre pedaços, fragmentos do real, que atendem apenas aos interesses dos que sempre estiveram com a batuta à mão.

Concluímos citando uma crônica de Bernardo de Carvalho, ao comentar um personagem de Godard em *O elogio do amor*. Godard retrata-o num mundo que já não é o mesmo, embora ainda não se saiba exatamente o que ele é. Uma época de confusão, como aquelas que ocorrem antes de tudo se assentar, mais uma vez, sobre novas bases. Por meio da arte, procura-se registrar

> esse momento de imposturas, de perda dos sentidos (sociais, culturais etc.) quando já não se distingue a justiça da demagogia, ou a verdade da hipocrisia, quando se confunde o simbólico com o real e se quebra a cara ao tentar aplicar velhas convicções a uma realidade que já não as comporta [...] Reforça a idéia de um mundo movediço em que os <u>sentidos</u> (grifo meu) saíram do lugar, em que nada é exatamente o que parece ser. (*apud* CARVALHO, 2002)

Referências

ABRANCHES, Mônica. *Colegiado escolar: espaço para a participação da comunidade*. Dissertação (Mestrado em Educação), Faculdade de Educação, Unicamp, 1998.

ANTUNES, Angela. *Aceita um conselho? Como organizar o colegiado escolar*. São Paulo: Cortez, 2002.

CARVALHO, Bernardo de. *O sentido fora de lugar. Folha de S. Paulo*, E 10, 12/11/2002.

GOHN, Maria da Glória. *Conselhos gestores e participação sociopolítica*. São Paulo: Cortez, 2001a.

GOHN, Maria da Glória. Educação, trabalho e lutas sociais. In: GENTILI, Pablo; FRIGOTTO, Gaudêncio. *Cidadania negada*. São Paulo: Cortez, 2001 b.

GOHN, Maria da Glória. Os conselhos de educação e a reforma do Estado. In: CARVALHO, Maria do Carmo A. A.; TEIXEIRA, Ana Cláudia C. (Org.). Conselhos gestores de políticas públicas, *Revista Pólis*, n. 37, São Paulo: Polis, 2000.

TRALDI, Maria Cristina. *Políticas públicas e organizações sociais: o controle social na terceirização de serviços de saúde*. Tese de Doutorado em Educação. Faculdade de Educação. Universidade Estadual de Campinas. 2003

TEIXEIRA, Elenaldo. *O local e o global – limites desafios da participação cidadã*. São Paulo: Cortez, 2001.

A PRAÇA É DO POVO, COMO O CÉU É DO AVIÃO![1]

Sandra de Fátima Pereira Tosta

> Em toda Cidade há dois desejos: o dos Grandes, de oprimir e comandar, e o do Povo, de não ser oprimido nem comandado.
>
> (MAQUIAVEL)

Este artigo apresenta uma reflexão sobre movimentos sociais e práticas religiosas como instâncias educativas que possibilitam a ampliação da cidadania e da participação de setores populares na vida pública nacional, considerando, sobretudo, a capacidade de organização de determinados atores políticos em sua aliança com setores da sociedade, entre eles, instituições religiosas.

Os dados que servem de base a esta reflexão são resultado de pesquisa realizada em um bairro da região operária de Contagem – município da Grande Belo Horizonte, entre os anos de 1994 e 1997 – e permitem retomar e, ao mesmo tempo, repensar a importância de estratégias de mobilização popular quando associadas a um tipo de atuação de um setor específico da Igreja católica, no Brasil, nos anos 1970 e 1980. Principalmente, aquele que teve como modelo teológico a Teologia da Libertação e como modelo pedagógico e organizativo os grupos que configuram as Comunidades Eclesiais de Base (CEBs).

Estado, sociedade civil e Igreja católica

A redefinição das relações entre Estado e sociedade civil no Brasil, no final da década de 1970 e anos 1980, implicou a constituição,

---

[1] Este artigo é resultado da releitura de parte de um capítulo da tese "Os rituais da missa e do culto vistos do lado de fora do altar: religião e vivências cotidianas em duas comunidades eclesiais de base do bairro Petrolândia, Contagem – MG"Tese de doutorado. Programa de Pós-Graduação em Antropologia Social. USP, 1997.

com muitos acidentes de percurso, de uma esfera societária autônoma. O surgimento da sociedade civil brasileira guarda a marca indissolúvel, tanto em sua vinculação aos movimentos sociais emergentes quanto aos processos pelos quais atores sociais modernos e democráticos surgiram, conquistando identidade cultural e cidadã, passando a pressionar as agências estatais e o sistema político instituído a se adaptarem a uma nova concepção de moderna institucionalidade democrática, conforme argumenta Avritzer (1994).

Os atores sociais que surgem no cenário brasileiro após os anos 1970, à revelia do Estado, criaram outras formas de participação em face do poder público e de suas expectativas econômicas, culturais e sociais. Essas formas e relações foram sendo gradativamente construídas, tanto pelos movimentos populares quanto pelas diversas instituições sociais, articulando demandas e alianças de resistência e lutas pela conquista de direitos civis e sociais e aglutinando vozes que reivindicavam por melhorias na educação e na escola, no atendimento à saúde e muitas outras (Jacobi, 2000).

Nessa articulação de movimentos populares e instituições da sociedade civil, destaca-se a atuação de setores progressistas da Igreja católica no Brasil, cujo fato foi e continua sendo discutido em estudos de vários autores de diferentes matrizes disciplinares. Nesse debate já é consensual a importância dessa inserção institucional e do vigor de suas conquistas, uma vez que tais movimentos não só desempenharam papel relevante no estabelecimento de estruturas democráticas no País, como também provocaram impactos sobre a redefinição formal partidária e, conseqüentemente, sobre o perfil do eleitorado e sua expressão política.

Igualmente já é reconhecida por inúmeros estudos e pesquisas a importância da atuação dos progressistas da Igreja católica no Brasil, em suas lutas pela redemocratização nacional e ao lado dos movimentos populares, fornecendo-lhes sustentação teórica e organizativa (Della Cava, 1975; Tosta, 1997; Tosta; Pereira, 2000). Exemplo disso e que já é por demais reconhecido é a importância dos movimentos sociais na formação e constituição ideológica do Partido dos Trabalhadores e na ascensão de lideranças políticas ao Parlamento e às diversas esferas governamentais em qualquer nível, seja ele federal, seja ele estatal, seja ele municipal (Wefort, 1977).

Além disso, é necessário enfatizar os impactos que as transformações no processo político mais amplo vão causar em um "jeito de ser" dos movimentos sociais populares, compreendidos como empreendimentos coletivos para estabelecer uma nova ordem de vida. Movimentos que surgem de inquietações sociais orientando suas ações pela insatisfação com a conjuntura em que vivem e o desejo e a esperança de novos programas sociais. Nessa medida passam a ser conhecidos e reconhecidos como interlocutores válidos e respeitados, da mesma forma que as instituições parceiras como a própria Igreja, por meio, principalmente, da Conferência Nacional dos Bispos do Brasil (CNBB), da Ordem dos Advogados do Brasil (OAB), da Associação Brasileira de Imprensa (ABI), da Sociedade Brasileira para o Progresso da Ciência (SBPPC), entre outras.

Nessa interlocução legitimada pela ação dos movimentos sociais, é importante dar conta de como o discurso dos órgãos públicos se transforma, incorporando gradativamente, nem sempre de modo receptivo, as demandas da população mais pobre, como aquelas das comunidades ou associações de bairros que não somente reivindicam o acesso aos serviços urbanos básicos – escola, asfalto, esgoto, transporte etc. –, como também lutam pela definição de ocupação de espaços públicos conforme o seu desejo e expectativas.

É nesse contexto de muitas lutas e muitos modos de participação que será analisada a "luta pela Praça" dos moradores do bairro Petrolândia, lugar da pesquisa acima referida, cuja investigação foi realizada mediante um estudo histórico etnográfico que me permitiu conhecer aquela realidade em uma dimensão sincrônica e diacrônica e recuperar na memória coletiva a potencialidade da construção de sujeitos sociais, de subjetividades e subjetivação.

Petrolândia, sua gente e suas lutas

Petrolândia é um bairro de peculiaridades. A primeira é o seu nome. Petrolândia significa, semanticamente, *Terra do Petróleo – terra do óleo de pedra*. O nome de suas ruas confirma essa significação, já que estão referidos diretamente a um conjunto de coisas pertencentes ao mundo da exploração desse combustível. São homônimos da Refinaria Gabriel Passos – Regap da Petrobrás, instalada nas proximidades do bairro –, e de outras refinarias do País além de vários derivados do petróleo.

Assim, quem por lá passear, lerá nomes de ruas, tais como Refinaria Gabriel Passos, Refinaria Manguinhos, Refinaria Cubatão, Refinaria Duque de Caxias, do Recôncavo, do Óleo, do Querosene, da Gasolina, do Xisto, da Benzina, da Parafina, do Pinche, do Asfalto etc. Do mesmo modo, ocorre com as praças e as vias centrais. A praça principal e a avenida que faz divisa com o vizinho bairro Tropical foram batizadas de Praça Petrobrás e Avenida Várzea das Flores.

O bairro Petrolândia está circunscrito aos limites da Paróquia Jesus Operário, que é parte da Forania[2] de São Gonçalo, que, por sua vez, pertence à Região Episcopal de Nossa Senhora Aparecida, da Arquidiocese de Belo Horizonte e, à época da pesquisa, apresentava níveis de organização acima da média de outras paróquias da Igreja em Belo Horizonte e em sua Região Metropolitana, com um trabalho com Comunidade Eclesial de Base em desenvolvimento nas duas secções do bairro: 1ª e 2ª, as quais correspondem às comunidades denominadas de Nossa Senhora Aparecida e de Nossa Senhora de Guadalupe.

A primeira Santa é símbolo do padroado nacional e das relações de afinidade estabelecidas entre o Estado e a Igreja desde o século XVII. A segunda é padroeira da América Latina, cuja devoção é arraigada no povo mexicano, principalmente, e o significado maior de sua história, que é contada e dramaticamente encenada por jovens das comunidades, é a defesa irrestrita dos pobres e dos oprimidos.

Por sua localização, a Paróquia faz limite com dois municípios e localiza-se nos dois, da mesma forma que o bairro. Limite este que trouxe mais problemas do que quaisquer benefícios aos moradores de Petrolândia, desde a criação do bairro. A começar pela cobrança dupla de impostos: de um lado, a Prefeitura de Betim, do outro, a de Contagem.

A alteração do nome e da extensão da Paróquia antes chamada de Nossa Senhora do Santíssimo Sacramento para Jesus Operário, é parte de uma história que diz de uma identidade que se foi forjando gradativamente, no transcorrer das lutas pela organização no bairro Petrolândia, de uma Associação Comunitária e das Comunidades de Base, sob a liderança de religiosos combonianos, principalmente.

O nome atual da Paróquia foi inspirado nos relatos evangélicos, já que Jesus Operário é um padroeiro que se tornou símbolo dos laços sociais que ligam as pessoas na região. Ele é identificado pelos moradores que com suas lutas começavam a se organizar tendo como parceira principal a Igreja católica local, ainda na década de 1970.[3] Mas ele é

---

[2] A Forania é a união de 6 a 8 paróquias que formam uma Região Episcopal.

[3] É importante lembrar que a Igreja católica em Belo Horizonte também nomeou as comemorações de 1º de Maio de S. José Operário, cuja festa é no mês de março e celebra S. José.

um "padroeiro esquisito", comentou o padre responsável pela Paróquia à época da pesquisa, pelo fato de o santo não ter igreja nenhuma. Cada comunidade tem o seu padroeiro, e a paróquia de Jesus Operário, ao contrário da regra geral, não tem uma matriz, a sua casa. "É um padroeiro sem teto". Ou com muitos tetos, na medida que, simbolicamente, ele mora em todas as igrejas da Paróquia.

Esse aspecto da não-existência de uma matriz é muito importante para se entender o tipo de articulação e de funcionamento da Paróquia Jesus Operário, o que, entre outros fatores, fez com que ela se diferenciasse da maioria de suas congêneres, caracterizando-se por uma descentralização maior em direção aos trabalhos com os fiéis, principalmente os das Comunidades de Base, pelo que pude observar. E indica um tipo de pedagogia democrática e libertadora, cujo conteúdo simbólico está alicerçado fortemente na Teologia da Libertação e na Opção preferencial pelos pobres, como uma política eclesial que remonta ao Concílio Vaticano II (1962/1965), a Conferência Episcopal de Medellín (1968) e Puebla (1979) apropriada e praticadas pelo setor progressista da Igreja católica, principalmente na América Latina e no continente africano.

Ambos, bairro e Paróquia, têm uma memória que dificilmente pode ser narrada em separado. E, como muitos outros bairros de regiões operárias ou pobres, Petrolândia tem uma memória de lutas em que a presença da Igreja é decisiva, e ambas se confundem no tempo, na memória e na História (TOSTA, 1995).

À semelhança de um intelectual orgânico no sentido gramsciano, são seus sacerdotes que fornecem parte do instrumental teórico e prático para ações organizativas dos moradores em seus diversos movimentos e que deram direção às lutas no bairro. Na verdade, todas as organizações de natureza associativista existentes na região estavam, de algum modo, ancoradas às iniciativas da Igreja, quando não são diretamente vinculadas a ela, como o Clube de Mães, o Grupo de Jovens, a Associação Comunitária, os Círculos Bíblicos, a Escola Fé e Política, o Núcleo do Partido dos Trabalhadores, a Sociedade São Vicente etc.

Nessa história destaca-se algo que me parece muito importante, que é a percepção do sentimento e da postura de seus moradores com relação ao pertencimento religioso. Um pertencimento diferenciado, tanto em relação ao catolicismo local, no qual coexistem diferentes modos de ser católico mediante a ligação com as Comunidades de Base e com outros serviços da Igreja, quanto na ligação com outras tantas religiões presentes no bairro.

No complexo campo religioso em Petrolândia foi possível anotar que as Comunidades de Base demarcam um território e estabelecem, claramente, fronteiras entre um jeito de ser e de exercer a religião e a cidadania. E essa consciência do território, do lugar, extravasa o sentimento de pertença a uma "comunidade" que está presentificada e é reafirmado nas falas dos grupos ouvidos na investigação. Petrolândia não é um bairro tão somente católico, mas a maior parte de sua população diz "comungar" dessa religião. De acordo com pesquisas feitas pelo Projeto Pastoral "Construir a esperança", da Diocese de Belo Horizonte, em 1991, a exemplo de Petrolândia, a maioria da população da Região Metropolitana da capital mineira declara seu pertencimento à Igreja católica (73% do total), acompanhando em seus resultados pesquisas semelhantes realizadas mais recentemente nesta e em outras capitais (DataFolha, 1994; IBGE, 2002).

O bairro alcançava uma organicidade que ultrapassa outros bairros e se constitui muito visivelmente por uma condição que, teoricamente, é típica de Comunidade Eclesial de Base, segundo a orientação da Igreja: serviços de Pastoral Social, graus de descentralização na tomada das decisões, formação de grupos e de clubes, formação política, leituras bíblicas etc.

Mas, para além da presença clerical, Petrolândia guarda algo de fundamental que é sua auto-identificação conquanto uma "comunidade". Compreender essa identidade social foi importante para dar conta de que ela se constrói tendo como referentes principais e articulados relações internas engendradas no bairro e mediadas pela Igreja, nem sempre isentas de conflitos e tensões; ao mesmo tempo e nesse mesmo movimento, foi possível perceber uma diferenciação de sentidos e certa autonomia de decisões e de postura de grupos na Comunidade e nas CEBs relativamente à instituição católica.

Essa vivência de moradores do bairro que se expressa vivamente em torno de uma "comunidade" – o que é freqüentemente declarado e louvado em suas falas –, é o referente pelo qual eles têm conseguido intervir mais concretamente na realidade ao seu redor. De um bairro periférico carente de condições mínimas de habitação, saneamento, educação, transportes etc., conseguiram ser, atualmente, uma região em que parte de seus integrantes desfruta de alguns desses serviços de modo razoável, não obstante eles estarem, ainda, aquém das necessidades da população local.

Ao me referir à região de Petrolândia, estarei falando de um bairro com duas "secções" contrastantes e que correspondem, respectivamente, às suas duas Comunidades de Base – a de Aparecida e a de Guadalupe –, circunscritas a uma Paróquia que conta com outras dez comunidades. Essas duas Comunidades Eclesiais de Base certamente não abrangem o bairro em sua totalidade que se declara católica; porém, no discurso e no imaginário de seus militantes, essa abrangência é realizada, torna-se real e tenta ser legitimada por meio de suas lideranças e de uma representação política, até formal, de fato viabilizada nas comunidades.

A localização da região bem próxima à Refinaria de Petróleo Gabriel Passos (Regap) e as antigas relações de amizade entre o dono da Companhia Imobiliária e Construtora de Belo Horizonte (Cicobe), que fez o loteamento daquela área, e o então diretor da Regap, dão conta do porquê da escolha do nome Petrolândia para o bairro, e dos nomes de outras refinarias e derivados de petróleo para as suas ruas, praças e avenidas. Da mesma forma, o porquê do nome da empresa-mãe das refinarias que foi emprestado à praça principal, Petrobrás.

Tal praça já estava prevista no loteamento, demarcada na planta e tornou-se emblemática de lutas da comunidade, como se lerá adiante, pois, o fato é que, ao comprar um lote em Petrolândia, o morador estava adquirindo, também, uma praça cujo destino estava traçado como área pública e local de construção da Igreja católica, segundo consta nos registros da Cicobe, onde foi possível reconstituir parte da história de Petrolândia. O bairro é o resultado de uma pequena gleba de um conjunto de três fazendas compradas pela Construtora, em 1959: "Olhos D'Agua", "Gafurina" e "Pau Grande".

As fazendas localizavam-se nos arredores da cidade de Contagem, e todos os lotes foram, posteriormente, registrados naquele município. Da área total das fazendas foi usada uma pequena parte, 10% ou cerca de 580 mil m², onde foi feito o loteamento que hoje corresponde à 1ª secção do bairro Petrolândia. Logo depois, em 1960, a Prefeitura de Contagem desapropriou parte de uma das fazendas para abrir a estrada que liga a cidade à Barragem Várzea das Flores. E, margeando essa estrada, a Cicobe abriu o segundo loteamento, que deu origem a uma segunda área de Petrolândia. O bairro foi o primeiro a ser instalado naquelas paragens, próximo da Refinaria Gabriel Passos, não tendo absolutamente nada em termos de infra-estrutura.

Era o ano de 1970, e os mil e cento e onze lotes recortados naquele mundo-sem-fim foram vendidos por corretores autônomos para pessoas que, em sua maioria, moravam na Cabana do Pai Tomáz, uma das áreas de favela de Belo Horizonte, situada na região Oeste, a meio caminho da região industrial de Contagem. Em 1972, a Cicobe adquiriu mais uma fazenda na região, dessa feita a "Morro Vermelho", situada na divisa da "Pau Grande", ao lado da Barragem Várzea das Flores, e na divisa com a cidade de Betim. Petrolândia cresceu mais um pouco e agregou esse pedaço composto de 177 lotes que deu origem à 2ª secção do bairro.

Como a história da maioria dos moradores dos bairros de periferia das capitais, cidades grandes e médias, a da gente de Petrolândia não é muito diferente: são filhos do êxodo rural decorrente do desemprego no campo e da falta de alternativas locais que pudessem segurá-los e assegurá-los em suas regiões de origem. São filhos do êxodo interno nas cidades que, à medida que vão crescendo, empurram para as regiões mais distantes e desprovidas de infra-estrutura as camadas pobres da população.

Considero necessário explicitar três pontos sobre os quais me apoio para fazer tais afirmativas: o primeiro deles é que não credito a existência das periferias das cidades tão somente ao êxodo rural. Também o empobrecimento crescente e setorizado nas próprias cidades é responsável. Isso faz com que elas sejam receptoras dos homens do campo, mas também geradoras de uma miséria interna que piora a situação dos seus moradores, criando verdadeiros bolsões de miséria em seus arredores. São as favelas e os cortiços que se multiplicam a cada dia, chamados genericamente de periferia, porque, via de regra, estão situados nos confins das cidades. Mas, já faz muito tempo, nas últimas décadas, pelo menos, que essa paisagem mudou muito. Favelas e cortiços já não são privilégio dos cantos escondidos e acanhados, mas se instalaram a olhos vistos nas regiões centrais das metrópoles. Em Belo Horizonte, basta dar uma volta por áreas centrais para dar conta dessa realidade.

O segundo ponto, que se relaciona com o primeiro, é que o êxodo não se faz só em direção às capitais, mas também às cidades de grande e médio porte. São as chamadas cidades-pólo, aquelas que passam por um processo mais acelerado de desenvolvimento e concentram em suas regiões os distritos industriais. Estes funcionam como um chamariz para o emprego das populações vizinhas. Ocorre que, muitas vezes, esses distritos não são suficientes para atender à demanda dos trabalhadores, deixando de lado a maioria daqueles que ali chegaram na esperança de uma "colocação", ou são desacelerados em seus planos de expansão e crescimento. E aí, como que por um efeito-dominó, a situação se assemelha bastante à das capitais.

Por fim, e como bem lembra o geógrafo Milton Santos, apesar da situação miserável em que se encontram esses grupos sociais, a cidade ainda oferece algo que os retém. Uma delas é um mercado amplo e acessível para pequenas empresas e o comércio ambulante, permitindo o desenvolvimento de uma extensa rede de "economia informal", que ainda é capaz de oferecer ocupação e sustento a um grande número de trabalhadores. E, mesmo que precariamente, a cidade oferece escola obrigatória com merenda e o serviço de saúde. Acrescente-se a isso que, nessa situação, os pobres são vigiados e desestimulados a atitudes de revolta. E isso ocorre não apenas por conta da existência de um aparelho policial e de outras formas de controle, mas, principalmente, porque esses grupos mantêm acesa a chama da esperança de um dia alcançar padrões de consumo e de comportamento ostentados pelas vitrines da mídia.

Desse modo, uma análise possível é a de que esses grupos acabam por adotar uma atitude passiva e de meros espectadores, convencidos disso por certas igrejas e seitas que, em meio ao mercado de consumo, também vendem soluções e curas para todo e qualquer problema. Esse conjunto de fatores contribuiria, assim, para que as condições miseráveis em que vive essa população sejam interpretadas como um tipo de "culpa" do próprio indivíduo, e não como resultado histórico de mecanismos políticos e econômicos que favorecem exclusivamente os grupos ricos da sociedade (Tosta, 1997).

Os núcleos que primeiro povoaram Petrolândia eram compostos por uma rede de parentela que Durham (1973) chama de "trilha", uma espécie de orientação instituída pelo processo migratório em que as pessoas vão deixando seus locais de origem em busca dos parentes que primeiramente se foram, normalmente o irmão mais velho, o primo, o marido, buscando também com eles e como eles melhores condições de vida.

Forma-se, assim, uma corrente migratória dentro de uma rede social que serve de amparo e de referência segura para o enfrentamento do desconhecido. Petrolândia foi construída por uma dessas correntes que veio do interior e outra que já estava instalada na capital, em outra periferia da qual se baldeou. Essa gente também é filha de um sonho! O da cidade com todos os seus ícones de "modernidade" traduzidos pelo acesso aos bens e benefícios da urbanidade. É nas capitais e nas cidades circunvizinhas a elas que vive a maioria dos brasileiros, destino de levas e levas de migrantes. A maioria da população que aí habita, porém, não consegue realizar o sonho de poder usufruir dos benefícios da modernidade e apenas vive, e vive mal, ou "vegeta", como disseram alguns deles. Mas o sonho tinha assento nas demandas postas pelo progresso, conforme argumentam Pierucci & Prandi (1996, p. 25):

> As grandes levas de migrantes que procuravam as cidades maiores em tempos não muito distantes tinham uma boa razão para a aventura: as mudanças nas relações de trabalho no campo as empurravam para os mercados de trabalho não-especializados da industrialização. Todos os setores da economia cresciam, pois a própria sociedade dos serviços se instalava, todo tipo de trabalho era requerido. Ainda que a maioria da população fosse pobre, acreditava-se que logo haveria o suficiente para todos.

Promessas não cumpridas e sonhos abalados pelo fracasso das políticas públicas sociais de distribuição de renda, de acesso às redes de saúde, de educação etc., conforme a interpretação de vários estudiosos (DOIMO, 1995; GOHN, 1985).

A maioria dos moradores, tão logo adquiriu seu pedaço de terra, para Petrolândia se mudou, morando debaixo de lonas ou de barracos mal iniciados ou ainda no alicerce, dando início a uma verdadeira saga de desbravamento para tornar a terra habitável. Velas, lamparinas e lampiões acendiam de luz e calor o pedaço, animando seus moradores na longa empreitada que tinham pela frente. Mas e a água? Bom, as cisternas "davam fácil na região" e ainda hoje, depois de o bairro receber a água canalizada, é possível ver algumas delas preservadas nos fundos de quintais com grandes tampões cobrindo suas bocas.

Até o final dos anos 1990, o bairro esteve ligado ao centro da capital apenas pela BR-381, que corta pelo meio a cidade de Betim, com a qual Petrolândia também faz limite. Hoje, existem outras vias de acesso, entre elas a Via Expressa Leste-Oeste, cujo trecho serve de um longo corredor para escoamento do trânsito entre Belo Horizonte, Betim e Contagem, diminuindo em muito o tempo de viagem entre e para esses lugares.

Outras mudanças. são visíveis: quando se chega à região, a primeira impressão se associa imediatamente à imagem de uma cidadezinha do interior que dispõe de infra-estrutura razoável. Como tantos outros bairros de periferia, Petrolândia é uma "cidade dormitório", de onde as pessoas empregadas partem diariamente para o trabalho em outros lugares. Para Contagem, Betim ou Belo Horizonte. Assim, durante boa parte do dia, o bairro permanece com as mulheres que trabalham em casa, as crianças que alternam seu tempo entre a escola e a rua, os jovens e os desempregados. A população de Petrolândia é estimada em torno de 10 mil pessoas.

A atividade comercial localizada no centro do bairro e nos quarteirões próximos é suficiente para atender às necessidades locais em termos de alimentação, saúde, educação e outros serviços. A Igreja de Nossa Senhora da Aparecida está plantada na Praça de onde parece observar atentamente todos os arredores do lugar, inclusive as outras igrejas que proliferam rapidamente ao seu entorno, como as neopentecostais. Essa igreja principal está na Praça mais importante, com seu coreto, bancos e jardins. Em torno dela gira a vida do bairro e aquela Praça, de nome Petrobrás, é um lugar muito querido dos moradores, já que, além de ser um símbolo das muitas lutas e de enfrentamentos com o poder público, é o eixo de sua vida social.

Em 1986, as principais ruas do bairro já estavam asfaltadas e uma escola foi inaugurada, oferecendo o ensino de 1ª a 4ª série do primeiro grau e, três anos depois, cursos noturnos. Em maio de 1990, outra escola começou a oferecer também o segundo grau para a população local.

Tudo isso é fruto de muita luta, conquista de seus moradores antigos e herança para os mais novos, uma vez que nem sempre foi assim e demandou muita vontade, persistência, além de inventividade e organização.[4] Os moradores que participaram mais diretamente dessas lutas orgulham-se de suas conquistas, ao mesmo tempo em que se ressentem com os problemas atuais e com a falta de "consciência da maioria" diante da situação, conforme dizem eles. Fala que remete a uma análise do movimento social mais amplamente e que passa por um período de refluxo que repercute diretamente nas CEBs, que é parte importante desse movimento. Em um quadro mais geral, pode-se recorrer a Prandi & Souza (1996), os quais indicam que três fatores, pelo menos, foram decisivos no processo de esvaziamento das Comunidades de Base:

1. a política de restauração conservadora promovida pela alta hierarquia da Igreja centralizada na reafirmação da autoridade do Papa, o que atingiu as alas progressistas da Igreja católica, desmantelando várias de suas organizações;

---

[4] A história completa de Petrolândia encontra-se registrada em livro de minha autoria. Vide Tosta (1995) e Tosta (1997).

2. o refluxo dos movimentos sociais, em geral, que foi agravado com a derrocada do socialismo no Leste Europeu e pôs por terra o sonho da utopia política de transformação social;
3. a crise do catolicismo, com a migração de fiéis para outras denominações religiosas, principalmente as pentecostais.

Recolocando esse quadro em Petrolândia, faz-se necessário destacar, ainda, o alto crescimento populacional da região num curto espaço de tempo, cujas conseqüências podem ser vivamente relatadas neste depoimento de uma das antigas moradoras de Petrolândia. Numa interpelação a uma professora sobre a exigência da escola local de que cada aluno deveria entregar um pacote de papel ofício no ato da matrícula, emerge de um jeito cristalino a problemática referida pelos antigos moradores e debatidas por inúmeros pesquisadores (DOIMO, 1995):

> – E aí, então, acontece o seguinte: essas pessoas que tão chegando acham a coisa boa, né! Não se preocupa de entrar na luta. Até há pouco tempo eu fiz uma discussão, no ano passado, eu fiz uma discussão com uma professora, uma diretora aliás, aliás professora. Nós tentamos debater lá por causa de um, pra não ter aquela cobrança do papel ofício. Porque aquelas pessoas que não podiam comprar, não podiam pagar, chegava lá não faziam matrícula. A criança ficava fora. Aí, Saulo, até falei com ela assim: eu tenho condição de comprar, graças a Deus, até mesmo de doar o tal papel ofício. Mas em solidariedade ao mesmo pobre, eu não vou dar o tal papel ofício. Quero ver se menino meu não vai estudar, aí se eu souber que meu menino está sendo prejudicado!
> – Aí ela [a professora] falou pra desaforo. Falou assim: –'Eu, por exemplo, considero aqui Petrolândia, como menino de classe média. Eu, por exemplo, ganho quase cinco salários e não tenho condições de pagar aluguel aqui na Petrolândia. Eu moro de aluguel e é depois de Contagem; eu pago duas conduções. Imagina quem tem lote aqui!'
> – Eu peguei, virei pra ela e disse: Olha, minha filha, o negócio é o seguinte: talvez quando nós mudamos pra aqui você não teve coragem de sujeitar ao que nós sujeitamos, você entendeu! É, o pessoal largava, pegava, descia na BR perto da pista e vinha pra aqui a pé. Eu lembro, nós morava (sic) aqui na época não, mas vinha (sic) aqui muito. Lembro os colegas meu que batia (sic) final de semana, sexta-feira com saco de mantimento de lá da BR a pé. Porque aqui, nem comércio tinha naquela época!

Paradoxalmente, esses problemas decorreram do crescimento da região como um todo, com o surgimento de novos bairros, das melhorias visíveis do Petrolândia em relação aos vizinhos, gerando conseqüente valorização imobiliária. O que significou impostos mais altos e pressão cada dia maior de especuladores. Situação essa que obrigou muitos dos moradores antigos a se mudarem para áreas mais distantes, mais periféricas e de menor custo para, quem sabe, recomeçar a luta, cedendo seu antigo lugar aos recém-chegados.

Dessa complexa realidade decorreram muitos conflitos e perdas, entre eles a ameaça de quebra de um "espírito comunitário" referenciado com freqüência na percepção de moradores e que pode ser traduzido, *a priori*, na capacidade de organização e de ação do coletivo, e que foi-se esvaindo com a chegada dos novos moradores. "Eles nem sempre valorizam a história de lutas na região, pois dela não participaram e nem demonstram interesse em conhecê-la", é a queixa dos antigos num misto de crítica e de resistência à perda de uma memória de lutas e de conquistas.

É importante reconhecer nessas falas o fato de Petrolândia não ter mais sua formação original que era lastreada nas relações de parentesco. Os primeiros moradores se constituíram numa grande família pela proximidade afetiva e pelo compartilhamento de problemas comuns, mas também porque eram portadores de laços de consangüinidade. Contudo, à medida que os processos de urbanização se intensificam, esses laços e redes tendem a se diluir e a enfraquecer, e as pessoas já não se conhecem todas. Assim, o cimento da convivência parece rachar-se em pedaços que não mais se encaixam.

Como as lideranças do bairro, religiosos também partilhavam dessa mesma preocupação, principalmente com os jovens; em trazê-los "para dentro da comunidade" e para as lutas atuais que são por melhorias da qualidade do ensino, do atendimento na policlínica e de outros serviços de saúde, do transporte etc., serviços que ainda são insuficientes e que têm capacidade restrita de atender à população.

Foi em 1988, em meio a tantas lutas, conquistas e derrotas, que a população viveu um de seus maiores confrontos, que se traduziu na luta com o governo municipal em sua tentativa de construir um posto de atendimento médico na praça central do bairro. Como toda praça, essa já havia sido apropriada como espaço de lazer e de convivência pelos moradores, desde que compraram seus lotes ou para lá se mudaram. Uma posição contrária à das autoridades que, como numa queda-de-braço com a comunidade, quiseram redefinir o espaço, destinando-o à assistência à saúde.

Na conquista do espaço, o exercício da cidadania

Compreender o significado pleno desse "acontecimento" envolvendo aquele pedaço do bairro, que é rememorado tão intensamente e com um discurso fortemente emocional, é entender, antes de tudo, que um espaço urbano não se reduz a uma quantidade de solo a ser aproveitado de uma ou de outra maneira, desvinculado do pensamento e dos desejos dos homens que nele habitam. Ao contrário, é colocar esse chão em um tempo e um espaço-mundo que não são meramente objetos; mas um espaço vivido e contaminado pelos sentidos que os homens lhes dotam. Nessa perspectiva, pode-se entender a cidade com suas ruas, praças, becos e vielas como uma expressão da própria representação que o homem faz de si e dos outros espaços portadores de forte conteúdo simbólico.

Dessa forma, é legítimo afirmar que a ligação do homem com o espaço não pode ser vista como uma relação meramente instrumental, ou funcional, mas como uma relação cultural e reflexiva. Lembrando Malinowski (*apud* DA MATTA, 1991), assim como o homem não inventa uma canoa só porque quer atravessar um rio, podemos afirmar que ele não vê a praça ou outro espaço apenas porque esses lhe servem para atender a determinada necessidade. Inventando a canoa, ou dispondo da praça, ele pode tomar consciência do rio, do mar, da canoa, da praça e de si mesmo, conhecer.

De outro ponto de vista, ao relermos a análise de Bachelard (1988) sobre os sentidos do espaço da casa, compondo uma imagem sempre concentrada que "nos convida a uma consciência de centralidade", constata-se que é possível pensar nesses termos o espaço da praça. Entendendo que a representação que o homem faz de si mesmo foi sempre uma representação centrada, devedora do conceito e da imagem da natureza, a cidade do homem foi sempre também devedora, espelho de um centro; ela foi, sempre, radial. Sua imagem se organiza a partir desse centro, dessa "idéia de centralidade", como afirmou Bachelard em sua *Poética do espaço* (1988).

A praça é, assim, um lugar privilegiado da cidade como expressão desse processo de "centralização". Ela é o espaço que se abre no tecido urbano e que, por essa condição, permite múltiplos usos: cria perspectivas para as edificações "relevantes política e socialmente", (igreja, escola, posto médico, comércio, casa paroquial, sede do governo); é presença verde da natureza, lugar de descanso e lazer com seus bancos e tabuleiros de dama; é local de encontros, especialmente. É ponto de referência na imagem da cidade, sendo um de seus elementos estruturantes (ALBANO *et al.*, 1984).

Além disso, a praça interage diretamente com o outro espaço de fundamental importância na gênese vida da cidade que é a Igreja, tradição e cultura que remontam aos tempos da Idade Média, conforme demonstra Mata (2002). Mas a praça não só interage com a expressão religiosa, como constitui-se em uma via de comunicação e de passagem entre um tempo-espaço sagrado e um tempo-espaço profano, servindo de palco para o ritual dos encontros que antecedem e sucedem o momento das celebrações.

Pode-se dizer, assim, que a praça é um tipo de paradigma que, de certa maneira, unifica, reúne fronteiras, esquinas, limites, demarca territórios; é um recinto que parece condensado num espaço-lugar urbano como "símbolo da ordem universal, de um cosmos refletido, espalhado simbolicamente na ordem terrena" (ALBANO *et al.*, 1984). Assim é que estudar a praça conquanto uma manifestação concentrada de uma ordem simbólica construída socialmente é reconhecer sua relevância para a compreensão mais ampla e densa da realidade.

Pois bem, antes de ser desenhado como uma praça, o espaço em frente à igreja em Petrolândia fora um "campinho" de futebol, daqueles que povoam as cidades interioranas, onde a molecada dá seus primeiros dribles e sonha, um dia, ser o "Ronaldinho". Tempos depois, relembrando com moradores de Petrolândia, a Praça Petrobrás abrigou o "Grupinho de Madeira" e, por fim, o Posto Médico, construído rapidamente sob a guarda da Polícia Militar e sob a vigilância e os protestos dos moradores, inconformados com a decisão da Prefeitura de ali erguer o tal posto. Mas a edificação teria vida efêmera!

Desde os primórdios do bairro, os moradores haviam decidido que ali seria a praça e que, defronte, seriam construídas a igreja e a escola. Tanto que a permissão negociada entre Igreja e comunidade para que o *Grupinho* fosse construído naquele local só aconteceu porque a obra teria caráter temporário, e a educação dos filhos fora sempre colocada como prioridade para eles. Não se pode deixar de dizer, também, que essa negociação foi muito mais uma estratégia para fazer frente ao argumento da administração pública que alegava não dispor de um terreno para sediar uma escola.

Por falta de alternativas, e diante da importância da escola, o que se pode dizer, na minha interpretação, é que a comunidade "tolerou" a obra. Inaugurada a nova escola, o sentido da existência e da necessidade da praça foi sendo retomado. Entretanto, a Prefeitura tinha outros planos. No lugar do grupo de madeira, o Posto Médico. Afinal, saúde era também uma reivindicação dos moradores. Mas eles não queriam o posto naquela praça. Que viesse o posto de saúde, mas não na praça!

Alguns moradores se mostraram dispostos até mesmo a comprar em regime cooperativo um terreno para a construção do posto, para que a praça retornasse "praça", conforme relembram alguns. Se essa não era a posição de todos, era pelo menos de parte expressiva da população local, que, habituada a práticas mais participativas como as das CEBs em plena organização, não se dispunha a acatar e a legitimar uma imposição da administração pública, é o que se pode compreender em suas falas.

Para fazer valer o direito e ter respeitada a sua opinião, os moradores se organizaram e, numa noite, atearam fogo em todo o madeirite depositado na praça pela Prefeitura, para o início das obras do Posto de Saúde. A comunidade não concordou e mostrou muito concretamente sua posição, sem esperar pela interferência de terceiros a seu favor. Preferiu agir para alcançar seus objetivos: qualquer obra que não fosse destinada à edificação da praça, fora dela! A comunidade fez o que o um morador definiu como "quem-sabe-faz-a-hora", parafraseando a conhecida letra da música composta por Geraldo Vandré. Esse mesmo morador quem relatou, em uma das entrevistas coletivas realizadas durante a pesquisa, sobre a movimentação dos grupos para resistir aos planos oficiais:

> O Posto Médico que ele tá falando, ele foi construído aqui sob a guarda da polícia porque o povo queria praça. Ele foi construído sob a guarda da polícia e teve até reação grande, manifestação grande da comunidade para não construir este posto. Ele foi construído sobre a guarda dos policiais para evitar que, segundo eles, os anarquistas, os badernistas poderiam por ventura quebrar a construção, por isso foi construído sobre a guarda da polícia. Mas a capacidade de resistência do pessoal foi grande. Deixaram construir o Posto Médico sobre a guarda da polícia e a comunidade utilizou o Posto Médico mais sempre falando que nós queríamos a praça. Nas eleições

seguintes a gente garantiu o posto, ele ficou com os candidatos majoritários, todos eles tiveram que fazer um compromisso pra tirar o Posto Médico do lugar onde devia ser a praça. Foi onde que o Ademir Lucas ganhou a eleição, depois que até de uma certa forma enrolar o pessoal e não construir a praça, queria o serviço de posto policial, pra biblioteca, um punhado de coisa e já tinha aqui no retiro nosso. Nós queremos é praça, não abriu mão mesmo e acabou que a comunidade foi lá, a primeira a atirar a pedra naquele troço que estava no meio da praça, quando conseguiu o espaço para construir a policlínica.

Outro morador, lembra como tudo começou:

[..]. na época de Newton Cardoso, nós fizemos uma reunião aí que era pra construir a escola. Eles construíram grupo de tábua em frente à Igreja, já tinha sido assim uma imitação da época do Pe. João Marcelino. Não o conheci, a gente fala por palavra que a gente ouvia lá na reunião, que aquele espaço seria pra ser utilizado pela Igreja pra construção de apresentação, seria a praça do bairro. Porque o bairro não tem um lugar assim, feito sem espaço nenhum pra lazer. Mas a comunidade começou a exigir, e isso aí por espaço na semana. Parece que já era uma conquista da Igreja, aquele espaço de frente a Igreja onde ia construir seria praça, mais acabaram emprestando porque na época também não tinha lugar para construir o grupo. Construíram grupo de madeira na época de Newton Cardoso, eu comecei a participar. Eles vieram e pediram esse grupo emprestado porque não tinha verbas para construir outro grupo, a gente cedeu por um ano. Construíram a outra escola ali e não tiraram o grupo, depois mudou de prefeito, também não tiraram. A gente bateu o pé e voltou o governo de 86 construiu a Escola Newton Amaral, e queria novamente emprestado para construir o jardim que é o pré-escolar. A gente emprestou parece que por mais um ano, mais com propósito... se eles não tirassem a gente tirava. E ficaram apertado, e agente bancou a nossa proposta, a partir daí resolveram arrancar mais que quiseram aproveitar para construção do Posto Médico. Foi nisso aí que deu o desencontro, arrancaram pra fazer o Posto Médico, a comunidade não deixou, reagiu. Mais de qualquer forma o Guido Fonseca entrou no lugar do Newton pra disputar a eleição para governo. Ficou Guido Fonseca e a comunidade reagiu. Construiu, deu policial parecendo artista de cinema, foram presos vários companheiros.

Ao atear fogo no material depositado para o início da construção do posto, a comunidade reapropriou-se daquele lugar como um que sintetiza e reflete o urbano conquanto espaço da congregação e da simultaneidade, como paisagem, ponto de referência, memória, lazer, encontro, enfim, lugar onde se tecem redes de sociabilidade e cidadania. Foi, a meu ver, um movimento de reinterpretação e reapropriação de um espaço que se deu de acordo com interesses e necessidades da população local, independentemente das intenções do poder municipal. Ao contrário, resistindo a ele, confrontando-o e demonstrando enfaticamente a sua condição de cidadãos, exerceram a desobediência civil entendida como prerrogativa da cidadania. A Praça Petrobrás converteu-se em um símbolo de lutas e conquistas da comunidade e tornou-se um dos pedaços mais vivos e presentes na memória dos moradores do bairro. Na avaliação do pároco local, a comunidade estava acostumada a "votar tudo", participar de todas as decisões, e a insistência da Prefeitura em prosseguir com as obras repercutiu como uma ofensa, ao que os moradores reagiram prontamente.

Conclusões

Movimentos como esse apontam a partir da organização e da articulação do coletivo sob um ideário místico de "comunidade", fundado no ideário cristão da "construção de uma Terra comunhonal ('a comunidade') que se simboliza e se realiza o Reino de Deus" (Sanchis, 1986, p. 15), mas que adquire materialidade na concretude do "mundo vivido", em que os significantes instituídos pela Igreja católica para a religião ganham significações e se enraízam na vida social. Como sinalizam), igualmente, para a elaboração de estratégias originais de participação na gestão dos interesses públicos, no qual o grau de luta, representatividade e conquista não significa ou não resume todo o esforço daquele grupo de moradores fortemente organizados na Comunidade de Base. Mas configura, de modo cristalino, parte de um processo longo, complexo e cumulativo de experiências e aprendizagens através do qual a população cria e demonstra condições para influenciar a dinâmica de funcionamento da administração pública.

Esse enfrentamento adquire força e visibilidade, principalmente, quando referido a um conjunto de reivindicações que revelam claramente a importância da educação, da saúde, do saneamento básico e do lazer para aquele grupo de moradores que se assume como sujeito coletivo de direitos e de luta. Lutas que configuram um movimento datado historicamente, cuja mediação central é, sem dúvida, um tipo de presença e de atuação da Igreja católica local, que também assume com esses sujeitos a luta pela cidadania. Nessa dinâmica ocorre uma aprendizagem que não se quer esquecer, que continua a alimentar o sonho de muitos daqueles grupos que permanecem no bairro, que revela que a ação educativa extrapola qualquer limite formal e, ainda, que a escola é um bem simbólico muito significativo para as classes populares, sobretudo quando ancorada a um conjunto de expectativas que dizem respeito às condições e aos direitos sociais.

Dessa forma, a ação dos moradores de Petrolândia configurou uma identidade que se constrói valendo-se de uma memória coletiva, de uma noção de direito e de um modo de ser Igreja e de praticar sua fé, que, relacionadas diretamente com o espaço de ampliação da cidadania, dá lugar ao reconhecimento e ao atendimento público de suas carências e de seus projetos.

Tem razão Caetano Veloso quando canta, carnavalescamente, "que a praça é do povo, como o céu é do avião!" A gente de Petrolândia assumiu com radicalidade a sua própria história, o seu espaço público, sua praça, ação sem a qual não se pode falar verdadeiramente em cidadania e democracia.

Referências

ALBANO, Celina *et al.* A cidade na praça: poder, memória e liberdade. In: *Encontro Anual da ANPOCS*, (GT – Estudos Urbanos: Representações e Políticas Públicas), 8, 1984, Águas de São Pedro. Anais... Águas de São Pedro: Anpocs, 1984.

ARQUIDIOCESE DE BELO HORIZONTE. Secretariado do Projeto Pastoral Construir a Esperança. *Religião na Grande BH*. Belo Horizonte, 1991.

AVRITZER, Leonardo. *Sociedade civil e democratização*. Belo Horizonte: Del Rey, 1994.

BACHELARD, Gaston. A poética do espaço. In: *Os pensadores*. São Paulo: Abril Cultural, 1988.

DA MATTA. *Relativizando; uma introdução à antropologia social*. 3. ed. Rio de Janeiro: Rocco, 1991.

DATAFOLHA – Instituto de Pesquisa. São Paulo, 1994.

DELLA CAVA, Ralph. *Igreja e Estado no Brasil do século. XX: sete monografias recentes sobre o catolicismo brasileiro, 1916/1964. Estudos CEBRAP*, São Paulo, n. 12, p. 5-52, abr/jun. 1975

DOIMO, Ana Maria. *A vez e a voz do popular*. Rio de Janeiro: Relume-Dumará, 1995.

DURHAM, Eunice. *A caminho da cidade – a vida rural e a migração para São Paulo*. São Paulo: Perspectiva, 1973. Coleção Debates, Ciências Sociais.

GOHN, Maria da Glória. *A força da periferia*. Rio de Janeiro: Vozes, 1985.

INSTITUTO BRASILEIRO DE INFORMAÇÃO E ESTATÍSTICA – IBGE. Censo de 2002, Rio de Janeiro, 2002

JACOBI, Pedro Roberto. Educação, ampliação da cidadania e participação. In: *Educação e Pesquisa*. São Paulo, v. 26, n. 2, p. 11-29, jul./dez. 2000.

MATA, Sérgio da. *Chão de Deus – catolicismo popular, espaço e proto-urbanização em MG, Brasil, séculos XVIII e XIX*. Berlim: Wiss, Verl, Berlin, 2002.

PIERUCCI, Antonio Flavio; PRANDI, Reginaldo. *A realidade das religiões no Brasil*. São Paulo: Hucitec, 1996.

SANCHIS, Pierre. Uma identidade católica? *Cadernos do ISER*, Rio de Janeiro, n. 22, p. 5-16, 1986.

TOSTA, Sandra de Fátima Pereira. *Os rituais da missa e do culto vistos do lado de fora do altar: religião e vivências cotidianas em duas comunidades eclesiais de base do bairro Petrolândia, Contagem – MG. 1997*. Tese (Doutorado em Antropologia Social) – Programa de Pós-Graduação em Antropologia Social, Universidade de São Paulo, São Paulo, 1997.

TOSTA, Sandra de Fátima Pereira. *Fé, memória e comunicação – a construção das comunidades eclesiais de base de Petrolândia*. Belo Horizonte: Veck Editorial, Paróquia Jesus Operário, 1995.

PEREIRA, Leonardo Lucas. TOSTA, Sandra de Fátima Pereira. *Bernardino Leers - um jeito de viver*. Petrópolis: Vozes, 2000

WEFORT, Francisco. *E por que não igreja na política? Religião e Sociedade*. Campinas, n. 2, nov. 1977

Os autores

AMAURI CARLOS FERREIRA

Doutor em Ciências da Religião pela UMESP; Professor da PUC-Minas.
Email: mitolog@terra.com.br

BENTA MARIA DE OLIVEIRA

Mestre em Educação pela PUC-Minas; Professora da UNIPAC.
Email: bentamo@terra.com.br

CARLOS ROBERTO JAMIL CURY

Doutor em Educação pela PUC-SP; Professor da PUC-Minas. Coordenador do Programa de Mestrado em Educação da PUC-Minas.
Email: crcury.bh@terra.com.br

DOUGLAS CABRAL DANTAS

Mestre em Educação pela PUC-Minas; Professor da PUC-Minas. Integrante do EDUC – Núcleo de Pesquisas sobre Educação e Culturas do Mestrado em Educação da PUC-Minas.
Email: douglasdantas@uol.com.br; dantas@yahoo.com.br

EVELY NAJJAR CAPDEVILLE

Mestre em Educação pela PUC-Minas; Professora do Colégio Santo Agostinho.
Email: evely@uai.com.br

MARIA DA GLÓRIA GOHN

Doutora em Ciência Política pela USP; Pós-doutora pela New School of University, New York. Professora do UNINOVE/SP; Coordenadora do GEMDEC – Núcleo de Estudos sobre Movimentos Sociais, Educação e Cidadania da UNICAMP.
Email: mgohn@uol.com.br

MÚCIO TOSTA GONÇALVES

Doutor em Ciências Sociais – Desenvolvimento e Agricultura pela UFRRJ; Professor da FEAD-Minas; Coordenador do Programa de Mestrado em Economia de Empresas da FEAD-Minas; Coordenador do Grupo de Pesquisa – Organizações Econômicas e Capital Social da FEAD-Minas.

Email: mucio@twi.com.br; mucio.goncalves@fead.br

SANDRA DE FÁTIMA PEREIRA TOSTA

Doutora em Antropologia Social. Professora da PUC Minas; Coordenadora do EDUC – Núcleo de Pesquisas sobre Educação e Culturas do Mestrado em Educação da PUC-Minas.

Email: sandra@pucminas.br

QUALQUER LIVRO DO NOSSO CATÁLOGO NÃO ENCONTRADO NAS LIVRARIAS PODE SER PEDIDO POR CARTA, FAX, TELEFONE OU PELA INTERNET.

✉ Rua Aimorés, 981, 8º andar – Funcionários
Belo Horizonte-MG – CEP 30140-071

📱 Tel: (31) 3222 6819
Fax: (31) 3446 2999
Televendas (gratuito): 0800 2831322

@ vendas@autenticaeditora.com.br
www.autenticaeditora.com.br

ESTE LIVRO FOI COMPOSTO COM TIPOGRAFIA CASLON NORMAL,
E IMPRESSO EM PAPEL OFF SET 75 G. NA GRÁFICA DEL REY.
BELO HORIZONTE, MAIO DE 2007.